学校
应该是一个
有诗意的地方

柳袁照

——

著

长江出版传媒

长江文艺出版社

图书在版编目（ＣＩＰ）数据

学校应该是一个有诗意的地方 / 柳袁照著.-- 武汉 ：
长江文艺出版社， 2018.6
（大教育书系）
ISBN 978-7-5354-8834-3

Ⅰ．①学… Ⅱ．①柳… Ⅲ．①教育－文集 Ⅳ.
①G4-53

中国版本图书馆 CIP 数据核字(2018)第 006065 号

责任编辑：施柳柳　　　　　　　　　　责任校对：陈　琪
封面设计：漠里芽　　　　　　　　　　责任印制：邱　莉　　王光兴

长江出版传媒　长江文艺出版社

出版：

地址：武汉市雄楚大街 268 号　　　　邮编：430070
发行：长江文艺出版社
电话：027—87679360
http://www.cjlap.com
印刷：武汉中科兴业印务有限公司

开本：720 毫米×970 毫米　　　1/16　　印张：16　　插页：2 页
版次：2018 年 6 月第 1 版　　　　2018 年 6 月第 1 次印刷
字数：192 千字

定价：39.80 元

学校应该是一个有诗意的地方（自序）

柳袁照

有些事情，不经意就成为重要的事情。这本《学校应该是一个有诗意的地方》，对我来说，将十分有意义。我人生的工作阶段，走过了三个里程。当老师、做公务员、当校长，这些都在体制内。在我即将离开体制，走向更广阔的原野的时候，这本书，将会有分界岭的标识作用。

我对教育的理解与实践，在最近的十年中，相对成熟。我所说的相对成熟，仅仅于己而言。我是一个既"做事"，又"说话"的人，特别是我当苏州十中校长的岁月里，我常把"做与说""想与做"，结合在一起，做做讲讲、做做说说，每年对自己要求写一本书。写书不是目的，写书是过程，是梳理、是清理，也为自己走过的路留一点痕迹。回过头来看看，教育如同一场旅行，我们从哪里出发，经过哪里，现在又到了哪里。尽管，我明白，我的这些痕迹，很快就会消失，不过，我还是尽量要留一点记忆。

十六年前，我从教育行政机关到学校，为了给自己做一个了断，我梳理了十多年来的思考，写了一本书，原来题目是《苏州教育大趋势》，那是我的直觉与把握。主管教科研的皇甫副局长，也是我朋友，他忠告我：柳兄，这个题目是你写的吗？是苏州市长、局长的题目。他建议我改成《凝眸苏州教育》，那是我的第一本书。《中国教育报》记者白宏太，为我们学校、也为我写了许多很有深度又有灵性的文章。不久前，他笑着对我说，你的第一本《凝眸苏州教育》，当年你送了我，尽管不是很感兴趣，不过也是我了解你的第一扇门，多有深意的笑容，尽管如此，我仍敝帚自珍。

《学校应该是一个有诗意的地方》，是我立足苏州十中这个园子里，一个新的了断。类似于当年的时辰又到了，我必须也应该，对我现在这个园子里的思考、感悟，以及我的所作所为，作一番清理。我相信，我已经不是十六年前的我了，我已经是一棵"树"。树有春夏秋冬的经历与遭遇，春天发芽，长新叶，蓬勃而有朝气。冬天枝叶枯残，零落，兀自耸立，别人看来，还落落寡欢。不过，那曾是我的愿望与理想。

2002年9月，我到了这个园子，我写了一首《风景》。我说我不走，像一棵树那样，不走了。2017年7月，我知道我将离开待了15年的岗位，写了一首《这个园子的2017夏季》，有些依依不舍。回想在这个园子里的月月年年，期间曾写过一首《建一座自己的园子在原上》，是不是昭示着我潜意识中的梦想？这个时辰，或许即将到来。来这个园子是缘、离开这个园子也是缘。走与不走，由不得自己。做树是缘，做鸟也是缘。其实，走与不走，遇见的与不该遇见的都是缘。《风景》：

过去的我是一只不疲倦的鸟

一朝醒来我突然变成了一棵树

一棵再也不走

再也不顾盼

再也不漂泊

再也不浪漫的树

从鸟变成树

是一种痛苦

一种失落

一种悔悟

是与天地的默契

也许我会天长地久地站成一块化石

也许我会站成一道风景

　　《风景》是我一度忘却了诗歌，诗意在我心中沉睡之后的苏醒，表达了我的心境。告别公务员生活，是我的选择，不过多少有些怅然。然而，很快我被学校生活的召唤所吸引。多年以后，回想那一个瞬间，灿烂着希望。我内心的愿望是什么呢？"在最微观的学校领域内，实现我们民族的教育理想"，似乎有点幼稚，有点"自我""自大""自不量力"，不过我是真诚的。在我当校长的十五年中，学校获得了"最中国""诗性教育"的美誉，不仅仅是美誉，是我们努力践行着的教育理想，那像我们在教育春天的美妙的行走。

　　十五年是一个过程。走过之后，就将成为历史。到了卸任的时辰，与十五年前上任的感受完全不同。离开夕相依的校园，不舍是必然的。2017年7月15日早晨，我与往常一样，徜徉于西花园。立定，四周张望，忧伤的诗句自然流淌了出来，这就是《这个园子的2017夏季》：

我与你相见，每日每时

我与你一起，总是幸福的日子

这个亭子、这个石桌子、石椅子

与这块碑，对我来说

这里的一切的一切

都有阳光的意义

与你相遇，是人生奇迹

平淡的日子，诗中的四季

这条路、这棵树、这一丛花

与这片草地，对我来说

这里一切之细微

都如圣地中的痕迹

我与你朝夕，总是梦里

我与你的故事

点点滴滴都是依依

春风里来，春风里去

冬雪里来，冬雪里去

这般阳光，那般月色

所有的舍与不舍

都在这个园子与心里

　　诗意荡漾了，在这个校园荡漾了。伤感的诗情，对自己来说，是值得储藏的情感。我在不在这个园子不重要，这个园子里曾经荡漾的诗意，还会弥散多久？是不是有点杞人忧天？是不是有点像鲁迅笔下"九斤老太"的思维？每一天太阳升起又下落，下落的太阳与升起的太阳，都是一样的吗？今天的与昨天的不一样，今天的与明天的也不一样，每天的太阳都是历史，也是现实，更是明天。我还有什么理由担忧？

　　这本书，是我在这个园子的所思、所做。在这块有限的学校天地里，我与师生们孜孜以求，所留下来的足迹。可以留给后人，作为研究 2002 年至 2017 年学校的比较鲜活的第一手资料。我自以为，没有说教，没有抄搬，也即是没有名人怎么说，专家怎么说。有的是属于我们自己。这里的"自己"，是我自己，也是我们学校自己，以及我们师生自己。

　　我们自己留下了什么呢？那就是诗意，经意与不经意所呈现的诗意，在一草一木中呈现，在一人一事中呈现，在每堂课、每次活动中呈现。这本《学校应该是一个有诗意的地方》，就是这样的呈现。点点滴滴都是真实的世界，都是真实的校园生活、真实的校园情感、真实的校园思考。我很珍惜它，如同珍惜生命中的奇迹一样。

之前，我也出过书，关于教育、关于学校，不过，更多的是从历史的视角，把握学校的传统、把握学校曾经的人与事，从中汲取养料、力量。或者从学校建设、校园文化的角度，探讨校园的意义，从物质层面入手，思考学校的文化精神的传承、塑造与再生。或者在读书与行走中感悟教育、领悟教育，是遐思、是教育的情思，在梦想中遨游与期盼。比如，有《教育是什么》《学校是美的》《教育是美的》，还有即将出版的《读书是美的》，都属于此。而这本书，有什么特点？与我之前的书有何不一样？

我当校长，真正有感觉，也只是最近的五年。用了十年的时间去迎接这种感觉。什么感觉？感觉我们日常的教育行为离教育越来越远了。这个时代，不知从何时起，教育变得异常功利，整个校园笼罩在功利的气息之中，功利的气息从哪里来？从社会来，从教育的主管部门来，从家长中来。不仅仅来自于外部，还来自于自身。学校自身、教师自身，甚至学生自身。那是多么遗憾的事情，然后，在这个园子里，无论是传统，还是当下，总有些与众不同。从办学者王谢长达、王季玉，还有参与办学社会贤达蔡元培、李根源、章太炎、胡适、周怡春等，以及校友费孝通、杨绛、何泽慧、陆璀、彭子冈、李政道等，无不闪耀着诗意的光辉。

历史是这个样子，不等于现实是这个样子。竟然在相当程度上，学校成了一个远离教育的地方。然而多少有点自我欣慰的是，这个园子多少保留着教育的"童真"，那是艰难的坚守。以后又将会是什么样子？我不知道，我相信会越来越接近理想。

这本书，即是我们坚守的记录，是我们艰难而又幸福地走过的痕迹。于校园、于课堂、于课程、于活动；或者换一个维度，于教师、于学生、于管理，无不流泻着我们对教育未来追求的火热激情，无不都是我们对教育的虔诚，于身心整个投入的虔诚。学校应该是一个洋溢着诗意的地方，久违的诗意，又回来了，是何等的令人欣喜？

我不会忘记苏州十中，十五年之路，每天走在原地，似乎又不在原地。究竟在那里？到了哪里？我曾经写过一首诗，叫《建一座自己的园子在原上》：

尘世的园林太小巧
我要建一座自己的园子在原上
拆去围墙
让风吹进来

上午有雨
下午有雪
晚上赏月
在天地的转角建一条回廊

种五百石榴树
再种五百桂花
进口处即出口处
古木交柯

临水建十万湖石假山
山水是梦乡
再放三万六千鸳鸯
烟霞散去星光依旧

机缘巧合不可捉摸。再过十天半月，我将受聘去北京大学担任培文学校总校长。那又将是一个新天地，以弘扬北大精神、弘扬蔡元培教育精神为己任，在全国培育一批能"创造"、会"兼容"的体现现代意识的基础教育学校，是北大"培文"的宗旨。我将参与其中，或许是缘，所谓缘即是机遇。北大是我国新诗起源的地方，最早的诗之火即从那儿燃起，能去那儿从事教育，回归原点，真是三生有幸。"学校是一个有诗意的地方"，不是一所两所有诗意，而应该是整个的学校，都能焕发诗意。我期盼，所有的"培文学校"，将都会是这样的地方，前景何其令人不欣喜若狂？新春之际，再一次回顾自己走过的路，唯有感恩。是为序。

(2018 年 2 月 9 日，于石湖)

目录

学校应该是一个有诗意的地方

第三辑　诗性教师

第四辑　诗性视界

第五辑　诗性管理

第一辑

诗性教育

学校应该是一个有诗意的地方

什么诗意？我以为，诗意是一种人生态度、也是一种人生主张，诗意是一种生活方式、也是一种生命的呈现方式，诗意是一种教育哲学、也是一种校园的理想境界。

深秋或许是我们校园与苏州这个古城最美丽的季节。前几天，我在微信上发了一组照片：秋林、秋叶、秋水、秋山。然后，我留下了下述一段话：

苏州的秋天是最美的，美在郊外。天平山就是这样，弥漫些许暖暖的秋意。我二十天前去了，满山的树林还没有都变色，只是一点点处在变色的过程中。本该宁静的地方，早已是人声鼎沸了。叫卖声、吆喝声不绝于耳。最不该的是店铺商摊进入了林子里。不过，只要我们内心还能坚守一分平静，还是能找到一片静谧之处。正如今天的教育，只要坚守，那个小小的园子，那还是圣地。

这段话，回答了我今天提出的问题：为什么学校应该是一个有诗意的地方？为什么呢？我说，为的是我们的学校还能成为一片教育的圣地。有人说，当下的学校教育，特别是高中教育，早已离开了教育的本源，在过于功利的、单一的升学路上走得迅猛。其实，现实情况远没有这样悲观。无独有偶，前不久，我在微信上还发了一幅照片，那是我在一堵墙壁上看到一个画面：秋天的枯藤在秋天的墙壁上。同样，我又留下了这样一段话：

> 这幅图有诗意吗？回答这个问题，首先要回答好什么是诗意。我以为诗意是一种感觉，是让内心感动，让内心柔软的感觉。这幅图是截取的一堵墙壁。秋天的藤蔓，一枝带叶子的藤蔓与许多掉落尽叶子的藤蔓错落在一起，疏落却有生机。左下角还有数点阳光的影子，与它们相呼应。我看了，很有感觉，是一种秋天的凄美，它似乎与我们内心的倔强的坚守相契合。因而，我说，这幅画是充满诗意的一幅画。

很多朋友给予了关注。新疆的王校长在微信上说：我以为诗意就是善感觉的人对有感觉的人或物的一种感觉。

华师大的王教授说：诗意是善良的人对善的追求。

苏州的企业家王先生说：诗意是在静谧中，能激发人们内心感动，触动灵魂并且净化的一种境界。

我很长一段时间都在捉摸什么叫"诗意"。

对有些我们经常使用的概念，我不喜欢用教科书上的语言去解读，我喜欢用自己的感悟去诠释。我曾在语文课上向学生提出什么叫"诗意"，我也希望我们的学生能够用自己的语言、自己的知觉来诠释。我希望我的学生在领悟什么叫"诗意"的过程中，去直觉地真正领悟什么叫"诗意"。什么是诗意？我以为，诗意是一种人生态度、也是一种人生主张，诗意是一种生活方式、也是一种生命的呈现方式，诗意是一种教育哲学、也是一种校园的理想境界。

江苏省教育厅适时提出了"高中课程基地"建设这一举措，我们也很有幸被批准为"省诗歌课程基地"，从此，我们学校教育、日常校园生活被

"官方化"了，其实是赋予了能被认同的新的"诗意"。什么是课程基地？首先它是课程，其次它是基地。更主要的是它不是课程与基地的两者的简单相加，而是课程与基地两者的融合。物质的、精神的，内容的、形式的，教育的、教学的，老师的、学生的，学科的、超越学科的，是一种综合的、在各种情形、情状交叉之中的活动。是新的教育平台，是新的教育载体。而我们诗歌课程基地，无疑是在语文学科背景下，又超越了传统语文学科的一项课程改革新的实践。它强化了我们多年来践行"诗性教育"的历史使命。

我们校园中的"杏园"，是我们诗歌课程基地的载体。诗歌教育资源楼，诗歌教育的情景教室都在那。但我们的载体又不局限于此，早已拓展于整个校园。除了杏园之中有诺贝尔诗人、苏州诗人、西花园诗人、全国中学校园诗会情景教学载体之外，美丽的西花园中的长达楼，有我们的"中外诗歌长河""红楼梦诗歌"情景教室。其实，我们学校的诗歌教育，早已不仅仅局限于情景教室了，整个校园都是。有形的载体是需要的，无形的气息更宝贵。诗歌课程，基于语文课程，又超越语文教育，更多的是价值引领。诗歌教育，在我们学校，已是一种气息，诗意的气息每时每刻都弥散。让校园生活回归诗性，让学校师生的日常生活富于诗意，那是建立"诗歌课程基地"的本意，也是我们在当下的社会背景下所追求的教育理想与境界。

什么是诗意？我还想再回到这个问题上。对这个校园来说，诗意意味着什么？

那意味着一种健康的、完整的、美妙的校园生活。这种健康、完整、美妙，是一种自然的状态、日常的状态、全员的状态。它是一种理念，也是一种实践，更是一种生命成长的阳光雨露、风雨雷电。

上面，我引用了三位校长、教授、企业家对"诗意"的诠释，何其好，那是蕴含共性的个性化的阐述。校长说，诗意是善于感觉的人对有感觉的事物的一种感觉。题中之意，是说我们有责任培养有感觉的学生。教授说，诗意是善人对善的追求，是说诗意不仅仅停留在美与真的层面，它还处在道德的层面，教育的诗意，是教育对本质追求的表达。企业家说，诗意是静谧中激发人内心的感动，是说这种感动能触动灵魂并净化成一种境界。那是从灵与肉完美结合的高度的一种教育祈求。这些朋友们对"诗意"的感悟，对我们来说，都是如教育天穹上的星辰那样珍贵，是照耀我们前行的光亮。

所有的事物，都离不开一定的背景。苏州十中的诗歌课程基地，也是在江苏省、苏州市教育的背景中，所做的一项具体的教育工作。它与我们省、市的历史文化条件与当下的现实文化背景是相吻合的。江苏全省在推广"苏派教育"，苏州全市在推行"苏式教育"。"苏派教育"与"苏式教育"有什么不同？我以为苏式教育是蕴含着苏派教育本质内涵的一种富有个性的表达。苏式教育是山水文化，具有水的灵动，山的沉稳。睿智又不过分张扬，进取又不过于功利，细微又不失去自然之趣，典雅又不流于清谈。是从本质上渗透出来的风格，教书育人都如此，学问做人都这样。

当下我们在这样宏大辽久的文化背景下，践行"诗性教育"下的诗歌教育课程，何其有幸。这样的课程，理想的状态是能把"诗性""诗意"，即苏派、苏式教育文化，渗透于整个学科课程，乃至于整个学校教育活动之中。

今天我们遇到了学校教育，特别是我们的"诗性教育""诗歌教育"的良辰美景。学校应该是一个有诗意的地方，师生在这个园子里应该是最有诗意的人，有了诗意的人，才是校园"诗意"荡漾、澎湃的关键所在。

（2014 年 11 月 21 日初稿，2017 年 7 月 24 日润色）

什么是美妙的教育？

教育还需要一点迷蒙，需要一点神秘，所谓"曲径通幽"，教育需要有"美"伴随始终。开门见山，不是教育的唯一选择。捷径也不会是教育的最佳之路。

我去过世界上一些最后的"圣洁之地"。云南西双版纳的原始森林、西藏的墨脱，这些地方都可以说是人类的最后家园。在当下快速变化的现实面前，雨林、沼泽地、高山与河流都会瞬间消失。在西藏墨脱，我翻越一座又一座雪山，越过一条又一条高原河流，才到达那里。进入其中，有无限的美，一树一树的杜鹃花，盛开又凋谢，落红如血，点点斑斑，铺满森林之地。每一棵树都高大挺拔，每一棵树身都爬满苍翠的、湿润的藤蔓。树生树长，花开花落。一切都令人欣喜又惆怅，敬畏又忧伤。阳光透过层层密密的树枝树叶，那种明暗变化，更让森林有一份迷蒙与神秘。学校，对整个人类来说，何尝不是自身为自身传递生命气息的最后家园？我去墨脱，所获得的感悟，所获得的美感，更多的来源于跋涉的途中，即使到达了目的地，所有的美丽景色，也不是"一目了然"，一步一景，移步换景。常常走几步，会有意外的惊喜。

教育的"自省"过程，现在往往被省略了。教育需要不断地被提醒，那不是理想的教育。我一直认为，学校是教育人的地方，但绝不是说教的地方。在我所在的学校，校园里是见不到说教性的标语口号的，那种表决心、表态性的文化标识也是没有的。让学生自我感受，自我认识，自我觉悟，那种形式与状态，才是美妙。大自然之趣，有时让人不可思议。我们校园有花石纲遗物瑞云峰，以及周边许多太湖奇石。这些湖石，左看右看，前看后看，上看下看，我们都看到了什么吗？想象、想象、想象，还能想象出情景、故事、奇遇。我们师生常常都能把它们看成是一段段历史的凝固体，看成是人类借助大自然所表达的情感与情怀。凝视湖石的过程，是审美的过程，也是教育的过程。这样的过程，有思维的奇遇，有情感的奇遇。

教育的一味"开门见山"，教育的追求"捷径"，是教育的功利化倾向的反应。教育何尝不是社会的阳光？教育的阳光必须明亮、必须明媚。当下学校的状态，学校教室里的日常状态，决定了人生存在未来世界的状态，从这一点来说，我们还必须大力提倡教育的慢行为，这种慢行为，是一种曲径通幽的表达，是教育之美的表达，也是教育本质的表达，真正体现了人性的本质追寻。所以，我呼吁：教育还需要一点迷蒙与神秘。

这样的神秘与美妙，应该存在于我们日常的学校教育之中、存在于我们的日常课堂上。我越来越感觉到，课堂的质量、状态和境界是学校教育的真正境界。多年来，我们学校追求闪耀着道德光彩的审美课堂，就是要让课堂回到自然的、愉悦的、美的、有真正思维品质的状态中，这既是对教育优秀传统的回归，也是教育使命的理想追求。我们曾举行"诗化数学、诗意课堂、诗润心灵"活动、"诗性教育背景下的语文审美课堂"的研讨会、与江浙沪三地九个高中学科"同课异构"活动等，都给我启发。如今的课堂，已经不是传统意义上的单纯课堂，也不是教师能完全自主把握的课堂，它是社会要求综合的反映，也是各种价值观，包括教育的各种价值取向碰撞、冲突、妥协的产物。其中有坚守，也有突围；有欣喜，也有无奈。是在现实与未来之间的行走，也是在现实与浪漫之间的行走。

我们追求"审美课堂"，就要有面临各种问题、矛盾的准备，以及相应的实践策略。有专家说："没有高考过不了今天，没有改革过不了明天。"这句流行的话，是对有志教育改革人士的告诫。我们追求"审美课堂"，在具体操作中，要求老师从两个层面去做：一是做在当下国家考试制度下的有效课堂，二是做体现诗性特点的美之课堂。这样的认识，这样的态度，对否？是机械地割裂"考试"与"诗性教育"的关系？是一种妥协？还是找到了最佳结合点？

语文课堂，追求它的审美性，容易被大家所理解。而数学课堂，追求它的审美性，却不容易被大家所接受，担心者担心这样的"课改"是不是走偏了？认为数学哪有"美"之说？数学本来就是一门充满美、充满诗性的学科，却被长期以来课堂技术层面的做题训练，搞得面目全非，本末倒置。江浙沪三地"同课异构"活动中，有一个学科的案例很典型，同课异构上课的老师，或特级教师，或名教师，或当地的年轻骨干，请的评点专家也是第一流的。评课时，矛盾出现了，某一节课本省认可为最佳，却被外省认为最差，双方言辞激烈，几乎不欢而散。这样的争论与交锋极有意义，我们要反思为什么会有这样的差异？因为评定"好课"的标准不一，对好课的价值取向不一，对"什么是有效课堂"的理解不一，一方或许反映了现实的需求，甚至是功利的需求，另一方或许反映了理想的要求，似乎有些务虚，但可能体现了未来好课的走向，一个是"现实"，一个是"浪漫"，是不是都有道理？

我又联想到曾在美国康州尼米高中的校长跟岗培训。我曾经去过美国，相隔十多年，美国的教育变化很大。变化最大的是对中国教育的重视，中华元素多了。以前，美国的中学，即使是国际学校中国学生很少，现在多了，而且乐意招收中国学生。他们也要举办学科竞赛，有的是州里组织的，有的是学区组织的，比如，数学竞赛，每个学校的前十名总有超过一半的得奖者是中国学生，其中又以大陆去的学生居多。一味说美国中学宽松真是片面的误解，美国也要统考，也要排名，只是不是教育部门排名，不是学校自己排名，而是社会中介机构排名，还会刊登在当地的报纸上，且这几年有越来越严格的趋势。美国同行对我们说：现在是美国教育中国化，中国教育美国化。说得真有些道理，这同样引起我的深入思考。

　　教育是不是也有钱锺书所说的"围城"现象，城里的要往城外走，城外的人要往城里走？我曾收到湖北秭归的一位老师发来的一封信和一篇随笔，阅读以后，很感动也很感慨，立即撰写了推荐词，把文章推荐给校园网的校长推荐栏目。推荐词是这样写的："早晨，我打开邮箱，看到湖北秭归周老师发来的一篇教育随笔，他是前几日来参加"诗性教育背景下的语文审美课堂研讨会"的。读了他的文章，我很感动，我们刚开始起步探索，全国的同行们就给我们如此的肯定与赞美，唯有惭愧与继续努力。秭归是诗人的故乡，一点不错，那是我们的诗性的源头。我们也期待苏州十中的老师能早日踏上那块土地，踏上我们友好学校湖北秭归一中的校园，汲取前进的动力。今把该文推荐于此，供大家一读。"这位老师是这样说的，不妨摘抄两段与大家分享，他说：

　　　　柳校长做专题演讲，那是一个语文老师的心声。他写下水作文，他改写名家诗文，他上公开课时常请听课老师直接参与课堂教学。一次，一位老师上公开课时也请柳校长答问，他发言完，过了一会儿，即将下课了，可他感到意犹未尽，又主动举手补充发言，那状态，对我真是一种震撼。他首先是一个诗人，其次是一个语文老师，最后才是一位校长。诗人的浪漫与多情，语文老师本真与执着，成就了为理想孜孜探索的他。

　　　　苏州十中的语文老师展示的六节语文研讨课，有写作、小说、文言文、现代诗歌、古典诗词、校本课程，全方位地展示了他们的语文观，让我真实地感受到苏州十中的老师在践行诗性教育中的探索精神。

不管是诗歌教学还是作文教学，执教老师都写了"下水作文"，当我翻读到他们语文老师的论文集时，我就知道老师写"下水作文"在他们是一种自觉了。

　　活动中，当苏州十中八十高龄的退休教师秦兆基，语重心长地说"人的生命是有限的，选择可以是自由的"；江苏省教科院杨九俊说"让课堂向四面八方打开"；当华东师大中文系教授胡晓明说"诗性的教育，就是让生命开花"；华师大语文教育研究中心王意如教授说"静，是诗性教育的前提"，我知道，这些美丽的珍珠，是诗性教育把它们串起来了。

读着这样的文字，我感觉到这位老师由衷的赞许，以及与我们共鸣所发出的优美之声，也许他把我们看作是浪漫的一群人，把"诗性教育"看作是浪漫人的举动。我们果真浪漫吗？我们不无忐忑和担忧吗？在"名校之旅"考察中，我曾带骨干老师去了一所高考升学率极高的县中。不说其他，仅课间学生的"跑操"，就让我震撼。我是极不轻易用"震撼"两个字的人，这次真的是震撼了，一个班级一个方阵，每个学生穿着统一的校服，跑操的音乐响起，四五千人都是同一节奏和步伐，一个学生紧贴一个学生，人贴人，没有间隙，任何一个人的步调错乱，都会导致队伍的溃乱，而他们始终整齐划一，即使部队的战士也就是这个水平了。再去课堂观摩，师生上课的特点与风格，几乎与"跑操"相差无几，高度的统一，高节奏、高效率，即校长介绍时所津津乐道的"国家课程的校本化实施策略"。返回学校之后，我们学校的一位老师写了一篇考察随笔，其中这样写道：

　　70个甚至数目更多的学生，挤挤挨挨，坐满了一间教室，去时正值夜自习，每间教室，每层楼，每幢教学楼都鸦雀无声，隔着窗，看到的是一个个伏案苦苦做题的学生。不知怎么的，心头冒出最初也是最真的感慨，竟然是这样一句话：可怜的学生，可怜的中国学生。第二天听课，看得更为真切了，课桌上、桌肚里、凳子腿中间都塞满了书，这还不算，几乎每个学生课桌旁都有一个整理箱，放满了试卷讲义和练习册。听了两堂课，高三复习课也好，高二的新课讲授也好，目的性非常明确，就是一切教学目标、教学步骤，都瞄准高考。课后座谈，老师介绍说，课文只上古文，现代文就是通过做题来学习，选修的课本，和高考关系不大的都不上。我们问，怎么提高学生的阅读能力？回答说，做题。再问：文学名著怎么教学的？做题。平时布置些什么作业呢？做题……

从某种意义上说，这所学校的社会认可度以及高校的认可度，我们学校是无论如何不能企及的，北大、清华每年的录取率于我省都是最多的。我很惭愧，我们差距很大。无怪乎我们这位老师在这篇随笔的最后写道："参观完，同去的一位同事走在校园里，由衷羡慕地说，我的孩子，要么出国，要么就把她送到这里。"然后，紧接着又写道："霎时间，我竟无语……"

现实就是这样。什么才是真正健康的、本真的、丰富的、美丽的校园日常生活呢？什么才能把健康的、本真的、丰富的、美丽的校园日常生活真正地渗透在日常的课堂生活中呢？如何让我们在现实中多一点浪漫？又如何在浪漫中兼顾一下现实？如何使我们在现实中要更多一点未来的元素？而更使未来不再如今天这样艰难与痛苦？我想起了两句话，一句是在阿尔卑斯山谷中一条风景极佳的大路上写着的标语："慢慢走，欣赏啊。"后来汪曾祺受其启发，在一篇散文中向人们发出吁请："慢点走，欣赏你自己啊。"还有一句是鲁迅说的，他说："我每看运动会时，常常这样想，优胜者固然可敬，但那虽然落后而仍非跑至终点不止的竞技者，和见了这样竞技者而肃然不笑的看客，乃正是中国将来的脊梁。"这很有深意的两句话，借用在我们今日课堂教学的改革与探求上，似乎同样有勉励与警示作用。此刻，我真诚地呼唤"自然美妙的教育"，能像清泉一样流淌在我们日常的校园里、日常的课堂上。

教育还需要一点迷蒙与神秘。教育是什么？不同人有不同的解释。什么样的教育形态是理想的形态？同样不同的人有不同的理解。有一段时间教育讲效率、讲效益，一味追求有效，乃至高效。教育直奔主题，所谓"开门见山"，过程缩短了，捷径出来了。此种理念占据了学校教育的主导地位，包括智育，也包括德育。教育是不是都需要这个样子呢？我以为不尽然。教育还需要一点迷蒙，需要一点神秘，所谓"曲径通幽"，教育需要有"美"伴随始终。开门见山，不是教育的唯一选择。捷径也不会是教育的最佳之路。

（修改于 2017 年 7 月）

美妙都在经意与不经意之中

教育常常在不是"教育"的时候，真正地发生。

2011年，我们的一个小小的愿望，如一道早晨的阳光，点亮了我们内心的世界。我怎么也想不通，一个以诗著名的国度，曾极端地以诗取人的国度，到了今天在"高考场上"唯独排斥诗。作文考试的题目总是要说"体裁不限，诗歌除外"。大家都知道蝴蝶效应，一只蝴蝶扇动翅膀，可以对数万里之外的气候、环境产生影响。当下整个社会充满功利缺少诗意，会不会与学校考场上的不让写诗这个"蝴蝶效应"有直接或间接的关系？我们在一个偶然（其实并不偶然）的场合，萌发要办一场中学生的纯粹诗会的想法。事有因缘，我们一群来自全国各地的校长，由于一个培训研究班而聚集在一起，从而有了这场诗会能覆盖各省各地的可能。如今已经办到了第六届，那是我们的自信所诞生的成果，那是"情怀"唤醒"情怀"的一次诗歌重新回归中学校园的伟大举动。从高原、从草原、从大漠、从水乡、从长江、从黄河，青春的队伍、少男少女的队伍，一路唱一路走，不仅仅是"情怀"，还蕴含"担当"、蕴含"原创性"。

提倡校园写诗，意义绝不在写诗本身，提倡校园写诗，其影响也绝不在当下。我们让孩子们写诗，这不仅仅是为了孩子们，何尝不是也为了我们自己。前几天,《新课程评论》杂志在我们校园举行"指向未来的课程改革教育研讨会",一位外地的参会老师说:我没想到,是以这样的方式来到苏州。我厌倦学习,我排斥开会。可当我踏进苏州十中的瞬间,这最中国的学校,用她的古朴与厚重征服了我。他没有想到,会踏上这样的校园,会走进这样的研讨会。让他激动,让他感悟、感怀,坐在会场上,一会儿笑,一会儿哭,一会儿鼓掌,一会儿沉思、沉寂。这个校园每一个细节、每一个角落都呈现美,洋溢着爱的、感恩的气息。这个校园的人,都会写诗,写诗就像平常的说话、写字般的表达。那不是诗的校园吗?

　　教育常常在不是"教育"的时候,真正地发生。"教育"不在的时候,是什么时候?七十岁的童心画家蔡皋先生,在论坛上平静地演讲。她说,在想着外婆的日子里,自己成了外婆。简简单单的一句话,平平静静的一句话,却让人心里柔软。她不刻意,"教育"却真正地发生了:"呵护与敬畏是我们的天职",我感受到了它的意蕴。这场研讨会是如何地与这个校园环境相吻合,刘坚教授从国际的视野谈核心素养,张卓玉副厅长从学案教学入手谈课程改革,大家平静地交流。开幕式很简单,没有客套。学生朗诵了自己的一首原创的诗《冬日的战场》,震撼人心。一场研讨活动就这样开始了,诗意地呈现。上午我有一个演讲《教育是一场诗意的旅行——行囊里要有"情怀、担当、原创性"》,时间是十一点半至十二点半。到了十二点半,该结束了,可是与会者仍然要我继续讲下去。讲下去,饭凉了、菜凉了、肚子饿了,仍然要我继续讲下去,一直讲到了下午一点钟。为什么?因为台上台下的诗意,相互被唤醒了,并激荡着。饭可以不吃,午休可以不要,交流、碰撞、融入、相互对话、体验,那不是真正地在写"教育诗"吗?在教育的无垠的天空与大地上写诗。任何盛大的场面都会静寂,所有的相遇都会分别。一场五湖四海的聚会,会场上有笑有哭有掌声有赞叹。第二天周日,我一个人又来到了学校,平静、宁静的校园,窗外只有几声鸟儿的鸣叫,不时飞过我的窗前。正在有点感伤、落寞的时候,我收到了张健先生给我发来了一首诗，他是中南传媒《新课程评论》的出品人。他说，他是学数学的，现在做出版，平时几乎不写诗，可是这场论坛让他感悟到诗意——从数学感悟人生，他写了一首《人生：数学与诗》：

人生是函数

奋斗到极限

世间多变量

还是随机好

一切皆定数

无需强求解

心胸无穷大

终究回原点

何其好，形式是诗的，内容是数学的，本质却是指向人生的。三者如此地融合在一起。每一个人的诗性都在被唤醒而荡漾，这一天，与会者的诗，不断呈现在我的面前，《别了，姑苏城》：

想了又想

还是悄悄地踏上

踏上才感受到

历史的醇香

我来了 悄悄地来

从没想过一所中学

就是一首诗歌

从没想过我与杨绛先生

站在同一缕树荫下
聆听枫桥夜泊

我来了　悄悄地来
聆听八子吟唱
在这个园子里遇见你
没有比这更浪漫的事了
在这园子里
还遇见了 诗和远方
还遇见了 粉墙黛瓦

都说一方水土养一方人
我从更远的南方
来到南方的北方
就这么轻轻地踏上
就这么悄悄地成了
比南方更北方的人哟

山光塔影
虎丘剑池
听一首昆曲与评弹
游一段拙政与留园
没有比这更畅快的事了
在这园子里
还遇见了　诗和远方
还遇见了　粉墙黛瓦

年底，校长述职，我讲什么呢？什么是我最感兴趣要说的？述职，可以成为一个程序，写成公文式文字。也可以成为一次站定脚跟的回望，赋予哲理或诗情画意。回望走过的路，看看哪里是一个场景，留在记忆里了？哪里没有痕迹、不值得念想？每一个人的生命旅程，是不一样的，旅程中仅仅是肉身在路上，还是灵魂一并在路上？校长的旅途又是如何呢？每年年终岁末的一番思考、盘点，或许就是飞机即将开启新的航程之前的维护、维修与保养。

那天，我以《教育的经意与不经意》为题，展开述职，所谓"经意"，是有目的而为之，有"构建""打造""雕琢"之意；"不经意"，有"无为而治"，顺其自然、随性、率真之意。在 12 月 30 日的高三毕业班迎新活动上，我拿出了我们自己为校园写的十首诗，即席请参加活动的老师与同学朗诵。过后，我发在我的微信朋友圈里。我说，教育即文化，学校即气息，工作即不经意。朋友们跟帖，其中一位省教科院的领导留言说：不经意是一种境界啊。我看了猛然一惊，这是不是正是我的追求？

是啊，何尝不如是？高三毕业班的元旦迎新感恩活动，我全程参加，从下午两点一直到晚上七点半，整整五个半小时。我现场直播，发在微信朋友圈里。先后这样发布道："活动的主题是'惜取韶华请长缨'。第一篇章'此间少年'正在举行，表演间，为各班级的'年度人物'颁奖，家长也被邀请一起参与。满满的喜悦"；"到了第二篇章'风华正茂'，小合唱、话剧、歌舞之后，举行各班特色奖、飞跃进步奖等奖项的颁发，每展示一个被表彰的同学，会场就沸腾一次"；"正进行到第三篇章'歌舞青春'，表演唱、课本剧、合唱、舞蹈之后，第三次举行颁奖，我们也'功利'，还为理科前三十名、文科前二十名、各班总分前三名等颁奖，教育是一个全面的概念。诗性教育也需要分数，需要升学率"；"到了第四篇章'心之所向'，班主任集体上台唱歌，学生自发献花，学生们给自己的班主任带来了礼物，年年此刻泪水模糊老师的眼睛。我也要快被请上去唱《隐形的翅膀》。我也准备了给学生的礼物";"或许这是一个最自由的场面,台上台下互动,可以跑上跑下。班主任卓老师今天生日,学生唱起了生日歌,学校送上了蛋糕,全场都是庆祝生辰的激情。学生给老师安上了翅膀,让他在台上飞翔。我为校园写了十首诗,这个学生朗诵罢,那个老师又上场。最后以《祈祷》《隐形的翅膀》《天路》引入高潮而活动结束"。什么是教育?教育在不是"教育"的时候,真正地发生了。

这么平常、简单的一个活动,对我们学校的师生来讲,却是一个意义非凡的活动。历届毕业生都会不约而同地来到会场,与在校师生一起欢腾、一起喝彩。"校长还是那个校长,歌还是那样难听,不过我还要再听一听你那首《隐形的翅膀》。"听到这样的话,我能不感动吗?传统项目,即传统学校课程。是课程,则有一定稳定性,也就上升到了一种文化。我从这样的活动之中,感受到了"爱、感恩、温馨、温情、童真、童心"等品质元素。我相信一切生命的深处都有最柔软的地方,会让最坚硬的物质融化,而这样的场合,正是我所期待的教育,所期待的校园,所期待的课堂。我们的有效课堂、我们的教师专业发展、我们的校本研修,如何上升到"道"的层面,而不要一直处在"术"的层面,从中都能获得启发。

对我们来说,一些教育活动呈现诗意、诗性,一切都是日常生活,但是对其他人来说,有一种欣喜与惊奇。那几天,各地的教育界同行,特别是来过我们学校的老师、校长,纷纷在微信上留言。一个名叫"木易"的老师说:阅读柳校长的诗是一种享受,聆听柳校长的报告是一个顿悟的过程,品味柳校长的教育情怀是一种温暖。一个叫"一丁"的老师说:突然发现诗性就是哲学,柳校长从画面发现了美,从美里孕育了诗,诗里充满了人生哲理。"梦中飞"老师说:柳校长的诗陪我度过了难忘而充满诗意的2016最后一天,不经意间又是柳校长的诗惊醒了我的2017,我想,我的2017将会充满诗意,我想西部的沧桑会幻化成美丽的诗篇。"艺术世界"那位老师说:拥有一双发现美的眼睛,一颗感受美的心灵,一个创造美的大

脑，在我们的世界里，一切都充满了诗情画意，犹如桃花源，喜欢你们的
境界和独特的视角，在平平常常的生活中感悟教育的真谛，把平平常常的
日子过成如诗如画的生活。

我这样引用，是不是有"自恋"的嫌疑？不过，不超过一定度的"自
恋"，或许就是"自信"的同义词。我们被称为"最中国"的校园，粉墙黛
瓦上有江南的印记，粉墙黛瓦之中再有一株芭蕉衬托则会更多出一份温柔。
墙上刻着的《在这个园子里遇见你》一诗，早就成为我们师生互为认同的
骄傲的文化共识，"不经意"之中，我们成为一所充满着"文化自信"的学
校。现在，我们不妨回转身，回顾2016年学校走过的路，摘抄几则我的工
作日记：

——4月，教育部名校长领航班于大伟名师工作室（青海西宁21
中校长）带领团队到我们学校进行所谓（"跟岗"）交流学习，这是一
个很好的交流学习的机会。上午有一个正式的仪式，有一个介绍性讲
座，下午分头活动，我们学生处与他们正在西花园交流"诗意校园"，
于正在"乾隆正寝宫"组织中层讨论。我能够成为教育部"领航班"
学员的导师，是我的荣幸。

——7月，走进北京，走进中科院，走进国科大，走进科学，走进
科学家，我们2016级国科大高一夏令营，在这个暑期又开始了。从小
就在这样的科学氛围中学习，其人生的影响，将会与日俱增。我在国
家天文台兴隆基地，凌晨四点多就被学生出来看日出的声音吵醒了，
然后我们一起去看各种望远镜。郭守敬望远镜是世界上最先进的望远
镜，是我们中国的骄傲，也是整个人类的骄傲。站在她边上，享受旭
日的光芒，也享受科学的光芒。我们师生在郭守敬望远镜前合影。郭
守敬是我国元代的著名天文学家、水利学家，在以他名字命名的望远
镜前的合影，将是学校历史的记忆。

——7月，初中国科大创新实验班举行隆重的开班仪式。家长与新生一起参加。聘请了语文、数学、英语、物理、化学五位特级教师、教授级老师、学科专家作为该学科的首席导师。校长授旗，家长代表、学生代表、导师代表发言。这是近十五年中我们生的"二胎"。相信，会成为"最"优品牌。正如开班仪式的主题所显示：迈好走向卓越的第一步，我们设计了精制的暑期课程。目前，初一国科大班的艺术类选修课程继体育类项目课程之后，又开设了书法、国画、合唱、昆曲、微电影等，我们聘请了校外专家来授课，以后还会有科学类创新课程。相信我们精心地做，会有意想不到的收获。

——9月，学校每一个角落都是教育的场所，我们不追求奢华，我们追求美满。在西花园西南角，平时人走不到的房子的背后，我们开设了"生物实验室"，无土栽培、立体栽培，成为我们科学创新实验室的一部分。

——9月，《中国教师报》刊登了记者白宏太写的长篇通讯《中国版教育诗》。马卡连柯是我们这一代人所熟知的，也许许多年轻人已经陌生了。《教育诗》是马卡连柯写的一部教育的经典，是我们仰慕的境界，白宏太把我们与之联系在一起，既荣幸也惭愧。白宏太说，这个题目放在心里至今很久了，假如用不上"会伤心的"，那是他对我们的情感。这是他继写了《最中国的学校》之后，又一次对我们的盛赞。

——10月，110周年校庆花絮：这个闻道廊的场面，让我回想起来，都会感动流泪。那么多人涌上"110年校友名录碑"，查找自己的名字，查到的高兴，一时没有查到的焦急。由于诸多原因，也有遗漏的，赶快来说明情况，恳切要求补上。他们说，没想到母校还记得自己。这是一次真正属于校友自己的校庆，每一个来到校园的校友都是"主角"。直觉告诉我，这是一个将留在历史中的瞬间，赶紧按动快门。我的举动同样被"抓拍"，今天我同学陈皓把这些镜头发给了我，对我来说很珍贵。

——10 月，欧阳江河、叶兆言、柳袁照，一场关于文学与教育、诗与语文的对话，即将开始。这是作家、诗人、校长、老师之间的对话，相信会有激烈的碰撞。这是北师大国际交流写作中心首次举行的著名作家、诗人进中学校园活动。该中心是由莫言领衔的。我们学校的"文学教育"有了新的内涵。

——10 月，《中国教育报》头版刊登记者蔡继乐的长篇通讯《逐梦长征路　播洒教育情——中国教育报刊社"长征路上送教行"大型公益活动纪实》，其中写道：会宁站送教行专家、苏州十中校长柳袁照，被誉为"诗人校长"。他给会宁校长教师的讲座中，用一张张美丽的图片，配上一首首雅致的诗，用充满诗情画意的讲座方式，吸引并感动着老区的校长教师。能作为所谓"名教师、名校长"代表，重走长征路，应该属于我们学校的骄傲。

——11 月，西花厅改造竣工，成为呈现织造文化、红楼梦文化的一个特殊课堂。康熙、乾隆曾经驻此地累计 11 次，曹雪芹曾在此生活。曹寅、李煦当年在此主政，这里聚集了江南的许多著名文化名人，两幅"李煦行乐图"记载了这些历史。曾经江南的政治文化中心场所，如今成了我们由传统文化资源转化为课程资源的载体。对历史的怀想与敬畏，转化为师生研究织造文化与红楼梦文化的课程。

——12 月，麋楼改造成功，成为教职工之家，二楼为学术活动场所，一楼为休闲场所。我们的理想是让学校成为一个紧张与温馨融为一体的地方。不亦乐乎。昨天（校庆前夕），喜事多多。麋楼教师之家启用，我坐在那里给他们泡茶，老师们三三两两来了，一会就走了，无暇逗留，要去上课、要去备课、要去批改作业。中间来了两个 2012 届的毕业生，顾陈夏当年我教她们班写作，还兼任副班主任，现在在剑桥大学读研究生，另一位男生，我叫不出名字，曾是包老师、郭老师班的学生，在帝国理工读研究生，来看老师，被包老师叫到班上给学弟学妹"现身说法"。留住有意义的瞬间，做老师，之所以幸福正在此。

我选这几则日记，既有意也是无意。每天的校园都发生着这样的事件或故事，都是经意或不经意。不过，它们多少有些代表性。国科大高中与初中班，已经脱离了原有的招生模式与体系机制，特别是办学的开放，与国家研究机构、与高校携手。110年校庆，体现了学校真正以每一个学生为本的理念，曾称为"低调的奢华"。科学家进校园，作家、诗人进校园，科学与文学集合着与教育融合。做好校园的每一个角落，每一个角落都弥散着文化与课程的气息，历史的底蕴成为教育的底色。从最中国到诗性教育，再到中国版教育诗，一路都是风景。重走长征路，重走的不仅仅是历史。领航不敢当，但是驶向未来的这条教育航船上的一个水手，角色已经明朗。2016年在我看来，每天都是早晨，生气勃勃。我们大家都在这样美好、美妙的文化氛围中，一切都在"经意"与"不经意"地自然发生，影响着每一个师生的生命成长。

还记得在2011年春节那天，我一个人值班，写了一首诗，当即通过短信发给朋友，作为新春的问候，《在这个园子里遇见你》：

> 可以忘记许多事情
> 这个事情不可忘记
> 那个春天
> 那个突然到来的早晨
> 在这个园子里
> 我遇上你
> 真是个奇迹

没有比这朵花

更雅致

更浪漫

一切都变得那么美好

每棵树都葱郁

每块石头都有生气

每个人都露出笑靥

我知道

从这个时刻开始

从我在这个园子里

遇上你开始

从这个早晨开始

从这个春天开始

是我幸福的开始

　　如今已经赋予这首诗以美好的特殊的内涵。朋友们走进这个校园，我都会把这首诗送给他，由此开始文化认同。"在这个园子里遇见你，是我幸福的开始"，正是这样，无数的人，四面八方的人，相识与不相识的人，只要在这个"园子"里，都会相遇快乐、相遇欣喜、相遇理解、相遇默契。我曾去宝鸡参加"名师大讲堂"活动，做了一场报告，一千多人的会堂，始终满满都是热情。

　　"您是我遇到的唯——位有诗意更有情怀、有思想更有思考的校长，非常感动于您的诗意情怀！参加培训唯一感动泪奔的一次。"

　　"初听，觉得你就是个爱写的文人，有感就发，不过如此；再听，我被你的诗歌深深吸引，感动里我觉得你确实是个诗人。诗意的情怀，诗意地栖息在平江路古老又典雅的青石板路上，小桥流水旁；继续听，我在你充满禅理的诗中，看到你不凡的思想，不凡的追求与担当！到后来，我知道，我邂逅了一个有诗意情怀的教育家。唯有你，可以把事业做得这么美丽浪漫。"我明白其中有许多溢美之词，我会把它看成是鼓励。不过，我感受到了真诚、真挚的美好感情，那是我诗意的源泉。

教育可以是诗、是画、是如诗如画般的舞姿。许多地方请我去讲座，我喜欢讲《教育是一场诗意的旅行》这个题目，副标题是《行囊里要装着"情怀、担当、原创性"》。言下之意，教育是行走，是一场旷世的行走，方有诗意。面对世界万物，要与之对话，如何能成为一场诗意的对话？必须具备"情怀、担当、原创性"。诗与教育、写诗与做人、诗的状态与学校日常的状态，这一切都可以放在"旅行"的范畴内加之深思、谈论、研究。"想一个人旅行"，是诗意地对人生的表达。"教育是诗意的旅行"，是一个人吗？那不会是一个人，或者说，不会始终都是一个人。教育的旅行，那是一群人、乃至无数人的前行。即使有一个人孤独、伤感的时候，但这样的孤独本质上是一群人的孤独，这样的伤感是一群人的伤感。同样，一个人获得的幸福与美妙，那也将是一群人的美妙、一群人的幸福。

(2016 年 12 月 31 日初稿，2017 年 7 月 21 日修改)

不要去追求最后的一分

——让学生过一种完整的、丰富的、日常的学校生活

我们的"有效课堂"已经"沦陷"了，所谓老师的"专业发展"，
已经让教师"狭隘"，本身这个概念是没有错的，但是到了我们中
国，在实施的过程中，往往被异化。这是我们校长的责任。

我在这里很紧张，为什么紧张呢？我穿了一件新衣服，一早霍老师在
食堂看见我，说："柳校长，你今天怎么这么漂亮？"我穿了一件新衣服，
表明我对这个场合的重视。第二，我的两位兄弟在我之前发言，所以我无
法畅所欲言地说。李迅校长说得那么好，几乎站在世界的高中课程改革的
最高水准上。李迅校长是我校长班的同学，我很尊敬他，打个比方，他就
是三国时候的周瑜，你们想一想周瑜是什么样的形象他就是什么形象。还
有刚才叶翠微校长发言，叶校长也是我的同班同学，他在当下教育的江湖
上被称为大侠，叶大侠，他胆子很大，为什么呢？我省实行了八年的高考
方案，陈旧的东西，被他们学过去了，作为新的方案使用。我为什么这么
说呢？因为他刚才说，我们附近有一个文化大省，搞的高考方案让考生苦
不堪言。他这个话是对我说的，实际是调侃我。所以我在这里说，叶大侠
的方案只是在我们的那个很差的方案上，又推进了一步。不信，明年，你
再来这里，看你还能怎么说。大家不要鼓掌，我们不是相互攻击，我们只

是相互幽默一下，实质是一致的。

我今天的题目是"不要去追求最后的一分"，有一个副标题："让学生过一种完整的、丰富的、日常的学校生活"。这是主题。本来我不准备做课件，但叶大侠跟我说"袁照啊，上台我要用个课件"，言下之意就是，你也要去准备一下。我今天早上很早起来，赶紧做了一个课件。

我请大家欣赏一幅照片，这张照片不是我拍的，我很喜欢拍照片，这么美的照片，我竟然没有捕捉到。我想问大家，看到这张照片大家有什么联想？我记得在一千年前，王安石曾经在《游褒禅山记》中说："古之人观于天地、山川、草木、虫鱼、鸟兽，往往有得，以其求思深……"，什么意思呢？古人看到一草一木，都会有感悟，都会有所得。那么我问大家，你看到这个东西，你有什么感悟，我只有 20 分钟时间演讲，本来我想叫叶大侠回答，但是今天算了啊！（叶大侠在台下插嘴：这叫破罐子破摔）。说得很好，他说"破罐子破摔"，相当有水准的一句话。不过我比他有"文化"，我不会在这个场合用这样"破罐子破摔"的表达。我说得比较有诗意（大家大笑）。大家读一下，这是我为这个罐子配的文字：

残缺的瓦罐里，长出了美丽的花。当下，正是高考出成绩的时候，各地各学校都纷纷亮出状元。出分那天，是记者最忙的，东打听、西打听，看状元出自谁家？可前不久，正是他们媒体上说，某某研究机构研究显示，凡状元都没有成大才。又比如，我们痛恨过去的科举制度，可是，我们却以故乡出了多少状元为荣耀。平时，我们有的专家以批判当下的考试制度为己任，可是，一转身，又会以某地出了多少状元为评价。状元是不是就像破罐子里开出的花？

大家有没有觉得我这个回答，比叶大侠的要好一点，更富有诗意？尽管我们的意思是一样的。我为什么用这幅画作为开头，作为引子？我是想进一步提问：结合会议的主题，在我们这样的文化背景下，高中的多样化有可能吗？在我们教育政策、考试制度、课程教材管理这样高度统一的背景下，有多大可能？我们和美国的文化毕竟是大相径庭的，我们所说的多样化，是应该体现在本质上的多样化，而不是现象上的、局部的、表面的、表象的多样化。我不知道我这个话，有没有一定的道理。

我们再看这幅图，这幅图拍的是河南的一个城市，当时正在举办菊花展。我拿着手机拍了这么一幅图，大家说说看了这幅图，你有什么感想？我告诉你，你不要去想爱情，不要去想人生，你就想当下的教育，当下的高中教育，你联想到什么？

范仲淹写了《岳阳楼记》，但他从来没有到过岳阳楼，是滕子京，他的好友寄来一幅画，他对着这幅画写了《岳阳楼记》。我曾去岳阳楼，在那儿我反复在想，幸亏范仲淹没去，去的话肯定写不出《岳阳楼记》。为什么？因为岳阳楼没这么好！今天我们回归传统，看图说话。好，我们现在回到这张照片上来，你有什么感悟？记得那天，我在微信发了这张照片，留下了这段文字：

> 每一盆花，不是一朵，不是一枝上的一朵两朵，而是一群花，一群花在一个盆里开得整整齐齐，一样高，一样大，一样的色彩，一样的花姿。这样的一盆花，与另一盆花放在一起，再与另一盆花，另一群花摆在一起，就是像军队。假如，花与战争联想在一起，以士兵的要求要求花，那么，花会成为一种什么景象？

这就是当下我们高中的教育吗？我们高中的校园，我们高中的课堂，我们高中的日常生活，我们高中的老师和学生，都是这么一盆一盆菊花。在这样的文化和现实背景下，我们今天来讨论我们的课程改革，讨论高中转型，讨论我们的内涵发展，是我们的处境。

　　阅读了上述图片之后，我们还会得出无数的关于教育的一条、两条、三条、四条结论。因此在这样的背景下，讲讲我自己，我们苏州十中，历史上被称为"名人、名园、名校"，现在，这个校园是国家重点文物保护单位，康熙皇帝住了六次，乾隆皇帝住了五次，曹雪芹十三岁之前是在这个园子里长大的。现在，我们学校被媒体称为"最中国的学校"，我们率先践行诗性教育，产生了一定的影响。但是说实话，对改变我们整个基础教育的现状，它的影响和作用都是极其有限的。

　　下面，我讲讲我的校友李政道。几年前，我在学校接待校友李政道，李政道给我讲过一段话，他说："柳校长，我为什么有一点发明创造，有所成就？要感谢我的父亲，我的父亲很开明，但是也很严厉，在我读中小学的时候，他规定我，每门考试一定要考80分以上，否则给我补课，拿今天的话，就是要请家教了。"然后，李政道又对我说："我每次总是考在81分到82分之间，从来不多考，从来不少考，少考浪费，多考也浪费，因此省下我大量的时间，我读了大量的书，这对我以后的发明创造是有作用的。"我们各位校长有没有启发？他说："当下的大陆教育，包括台湾，包括香港的基础教育出了问题，小孩子考了99分，回来以后家长肯定不满意，班主任不满意，老师不满意，还要教育他，小孩还要痛哭，问他你为什么不拿100分呢？"李政道先生又接着说："柳校长，这个最后一分比拿前面的99分都难，但是恰恰这个最后一分是没有任何意义的。"

　　我们今天有多大空间呢？我们今天的空间已经从80分后面的20分，缩小到最后的一分，我们就暂且省下这一分，把这一分的时间还给学生，做我们更多的、有效的事情，就像我们李迅校长、叶校长做的那些事情。去把追求最后一分的时间，省下来，我们是不是可以善良地、善意地、虔诚地把它还给学生，还给学校？

　　今天我讲两个"李"的故事，第一个是李政道，第二个是李迅。李迅曾对我们江苏发难。我也不知道我怎么会得罪他，几年前，高考结束以后我们江苏兴高采烈，特别是语文老师，发现一批高考的满分作文，这个高考满分作文不得了，70分啊！媒体千方百计地想办法找到了四篇文章，然后在江苏发行量最大的《扬子晚报》上登出来，登出来以后惹祸了，全国各地舆论不得了了，因为发现有三篇作文几乎是只换了一个标题，全部抄袭。李迅先生马上给我发了一个信息："柳校长：难道你们江苏的老师是不读书的吗？"这个话厉害了，刚才叶大侠说他们的"临近的某一个文化大省"，还委婉，而这个李校长就直截了当地说："难道你们江苏语文老师是不读书的吗？"

看了他的短信，我沉思了一下，迅速地回了一个短信，我说："李校长，尽管如是，不过我们江苏的语文老师还是识货的。"什么意思？我们读书少，我们不知道是名家名篇，但是我们有鉴赏水平，我们知道是好文章，我们就给他满分。这说明什么？说明我们语文老师有原创水平，我们有鉴赏力。

这是我们相互调侃的话，但在我们调侃的背后，有着深深的忧虑，难道江苏的高考是这样的，福建的高考不是这样的？福建的语文考试不是这样的吗？福建的高考作文不是这样的吗？因为满分被登出来，然后发现是抄袭的。知道抄袭，却不能扣分，阅卷组解散了，只能维持满分。那个抄到59分，58分，65分，今年抄，去年抄，前年抄，改革开放以来，抄了三十年的作文，都在我们的档案室里保留着。难道浙江不是这样吗？上海不是这样吗？北京不是这样吗？我曾经把北大著名的童话作家曹文轩请到学校来和我们学生对话，曹先生童话写得很好，是个很超然的人，但学生不超然了，和他对话，不问他童话，问：曹教授，我们今天到了已经很重要的时刻了，我们面临高考作文，请您跟我们说说高考作文怎么能拿满分？曹教授接着回答，说：高考作文很容易啊。他说他的小孩参加高考，让他准备七篇文章，就拿到了高分。然后，我们学生又问他：曹教授，是哪七篇文章啊？曹教授说这个不能告诉你们了。我想：他不会去找七篇名家名篇给他的孩子去背，去转换，但他肯定会自己为他的小孩去总结类型，分门别类为他的孩子准备了七篇典型的原创文章。我提醒大家，一年可以这样，两年可以这样……我们三十年来的语文教育，都是这样，如何是好啊？语文是基础，是母语，是工具的工具，连最基本的工具都丢失了，还拿什么东西创新？

记得在四五年前，我在安徽一个全省的高中会议上发言说：我是语文老师，语文特级教师，但是我有一个判断，中国高中的语文老师，80%是不合格的。当然，福州一中全是合格的，大家不要笑。一个数学老师不会解数学题，能让他到高三去教高三数学吗？一个唱歌老师不会唱歌，能安排他去教学生唱歌吗？为什么在中国，几乎所有的高中语文老师都不会写作文，天天在教学生写作文？怎么写？去套，去搬，去抄，去转化，去建立模型，让学生顺着模型走。模型是当下高中教育最害人的东西，无论是大的模型，小的模型，语文课堂上只教模型。

我还记得，又过了几年，又到安徽。安徽搞了一个活动，他们把全省的语文背景的校长集中起来，讲诗性教育，讲语文审美课堂。当时莫言刚刚获奖，大家兴高采烈。钱学森之问终于打破了，我们中国终于有了一个顶级的大师了。在那个会上，我说，你们去看看莫言的简历，上网去查一查。莫言小学三年级时骂班主任是地主婆，结果学校要处分他，他吓得不敢到学校，因此辍学了。他就在家里自由地阅读，随便什么书都看，没有书就背新华字典。这就是莫言。

前两年，我做了一件事，带着我们一部分语文老师花了一年时间研究诺贝尔文学奖。得主一百多个，研究下来，三十九个人是因为写诗而获得诺贝尔文学奖。我们把他们的经历、代表作、获奖词、答谢词汇总，出了一本书。我也参与其中，做了一年，研究下来得出结论，这个诺贝尔绝对是有预设性、有政治倾向的，很多人是因为意识形态的原因获奖，有的人是因为意识形态原因不获奖。由此，我在想，我们新中国，像莫言这般年龄的人,达到莫言高度的人,我们中国有一大批的。为什么不找一个在福州一中这样的学校读过书的人去拿奖呢?为什么不找一个杭二中的作家去获奖呢?为什么不找一个上海中学、清华附中、人大附中、北京四中的去获奖呢?我相信肯定有政治意图的。

莫言获奖跟我们的老师有关吗?跟我们的基础教育有关吗?跟我们学校有关吗?没有关系!这或许是一个讽刺。我这个猜想,或许是小人之心,暂且不要在意。暂且说,莫言是应该获奖的,我们大家了解莫言,看过莫言的书吗?我是中国作家协会会员,在这之前,我很惭愧我没有好好看莫言的书。一些作家朋友说:柳校长,你要去看看啊。莫言那么多书,看哪一本呢?他们说,你就找一本最刺激的书。我说哪一本最刺激?你看书名——《丰乳肥臀》。内容不看,就记住了书名。我看了,看完以后,发现主人翁"我",生出来就有思想,可以这样表达。"我"上面还有八个姐姐,看到最后,我发现这八个姐姐都是母亲在不同的场合、不同的时辰、不同的境遇当中,和八个不同的男人生下来的,这本身就是离奇的故事。"我"还有一个潜在的意识,就是"我"生下来就想抚摸"我"八个姐姐的乳房,那种血腥,那种原始,那种残酷,那种善良,那种美,那种丑,那种痛苦、忧郁、悲伤都在里面。假如说,这本书是李迅先生写的,李迅先生假如认定我是一名作家的话,"柳校长,你替我看看"。我肯定骂他一顿,乱七八糟的,写了个这样混乱、肮脏、杂乱的东西,给我梳理梳理、清理清理。假如,李迅按照我说的改了之后,还有完整的、原始的莫言吗?充满着原创品性的莫言还在里面吗?不会有了!

想一想,我们今天是怎样教语文的?语文对培养创新人才,是有绝对影响的,不要以为这是全靠数学老师培养的、靠数理逻辑的。我们语文老师的那种直觉思维、形象思维、那种顿悟,都在人文课程中。比如,我们责怪小孩不成熟,见了异性,一见钟情。我说差矣,一见钟情,是最可靠的,瞬间调动了所有的积累,所有的知识,迅速做出判断。比如说,我们高三的同学，他们的阅读水准已经达到很高的层面，一篇优美的文章，第一次阅读的那种初感，是最美妙的、最真实的、最宝贵的，是最灵动的、最灵性的东西，今天的考试制度，还需要它吗？不需要。一篇文章拿过去，告诉学生，这篇文章有三个特点，你们要记住。然后再告诉他，经过我们的研究，前面三个特点已经考过了，最后一个特点没考过，然后迅速把它转化为考题，考题被转化以后，迅速编制标准答案，三个层次，每个层次有一个关键词，你的回答要紧紧围绕这个层次，紧紧围绕这个关键词，有标准答案。我们想想，一年可以、两年可以、三年可以……我们十二年，天天坐在教室里，做着这样有效、高效的训练，我们孩子的那种灵动还会有吗？

今天我们语文怎么教的？对语文、对写作课，叶圣陶有很多真知灼见，对我来说，只有两点最重要：一是"要让学生以手写我心"，简单朴素的一句话，回归本源，你要孩子写真情实感，写他们内心的体验，而我们今天做的是形式上的搬弄、转化，资料素材的积累，积累到一定程度再去提炼，不是在生活当中那种亲切的、真实的、完整的、丰富的、美妙的体验。二是叶圣陶说，每个语文老师都要写下水作文。我们的语文老师现在还写下水作文吗？不写啊，不知道写啊。现在高考作文的题目要求离不开这样的表达：阅读上述材料，题目自拟，体裁不限，诗歌除外，八百字以上。在四十五分钟左右的时间写八百字，有什么要求呢？江苏高考是四点：文章要写得深刻，要丰富，要有文采，要有创新。那么我们今天的这种高考作文，和我现在所提倡的诗性写作，有多大关系呢？我今年发表了很多随笔、散文，就是我的"高考模拟作文"，我要求自己在 45 分钟内写出 800 字以上的文章，我一般都在 40 分钟写完，不加修改，拿出去马上发表。要求学生做到，老师首先要做到，我对老师说，趁我们年轻，把一生做老师所需要的论文都早点写好，给你们创造平台，去发表论文。然后，把这一切都丢掉，你保持你自己的原创品性。语文老师，你去写小说，去写散文，去写诗歌，以你自己的原创性带动孩子的原创性。一个老师像机械手，能让你的教育对象成为一个创新人才吗？

如今，我们的"有效课堂"已经"沦陷"了，所谓教师的"专业发展"，已经让教师"狭隘"，本身这个概念是没有错的，但是到了我们中国，在实施的过程中，往往被异化。这是我们校长的责任。最后，我还想讲一句话，我们能不能在这样的论坛场合，不说夸美纽斯、赫尔巴特、杜威，能不能都说说我们自己的观点，不去查教科书，不去百度，用自己的亲身体验理解教育、理解课程、理解课堂。每一个人都充满个性地表达自己，去实现我们的课堂理想：我们能不能做到？

（2015 年 7 月 11 日在福州一中《中美高中校长高端论坛》上的演讲，2017 年 7 月再次润色）

什么是最美的教育对话?

教育者，要在自己日常的教育教学中，以爱与智慧与学生展开对话。
一句勉励的话是阳光，一句批评的话是风雨。

现在，教育存在的问题真的越来越多了，比如师生之间的对话，常常就停留在知识层面，缺少对学生精神层面的关注，走不进学生的内心，也没有真心想进入孩子们隐秘而微妙的内心世界，因而也就谈不上师生之间心灵的真正最美妙之碰撞。

日本"育儿之神"内藤寿七郎先生，既是小儿医学专家，又是教育家。他提出了著名的教育之问："我们爱的目光足够吗?"他写了一本《育儿原理》的书，书中把爱心提到哲学高度，他说："眼神，这'心对话'，是教育原理的精髓。"

几年前，我们学校提倡写"我的老师"，释放教师的正能量。我也写了我的语文老师奚文琴。我回忆了当年她给我们上课的细节。文章这样写道："奚老师上课，眼睛总温和地盯着学生。我总有一种感觉，奚老师的眼睛总是对着我，她讲课，提问题，总对着我，她感觉到我听懂了，才会把课文继续讲下去。多少次同学聚会，我总要讲这个感觉，无奈的是同学总要说我是错觉，他们也会说，奚老师的眼光总是对着他们的。"

前不久，学校召开教育研讨会，研讨"什么是教育"。一个老师在会上讲了我文章中奚老师眼神这一故事，马上，另一位教师站起来，说："什么是教育？奚老师的那个眼神就是教育。"说得多好啊！好像有一个名人说过，"什么都遗忘了，被留下的就是教育"。是啊，许多年过去了，我什么都忘了，奚老师的语文课具体讲什么我都不记得了，可那个眼神烙在我的心上了。我以为，那个眼神包含的是爱、信任和期待，那个眼神里有教育的全部艺术和技巧。

现在，我们大家都在提倡要尊重每一个学生个性的理念，其内涵是深刻的。老师尊重每一个学生的个性，当然包括每一个有个性的老师要与每一个有个性的学生，进行日常的个性化的对话——课堂对话、校园生活的对话。这样的对话，不仅仅是言语的，眼神、微笑、手势，甚至一个不经意的动作，都是。每一次对话，都应该是心灵通向心灵的美妙过程。对教师来说，这样的对话，可能是随意的、随性的，但对学生来说可能是终身难忘的——正由于这样的对话，而成就了学生的一生。

李镇西是我很尊敬的一位校长，他的书是当下我国基层老师、校长中写得最精彩、最感人的书。我说他有赤子之心，在心中对学生有满满的爱，是自然呈现出来的爱，绝不是那种假假的爱、表演出来的爱、提炼出来的爱。我喜欢看他的随笔，春夏秋冬，无论是哪个季节，忙完一件事，坐下来，读他的一两篇文章，如同口渴了，歇下来，喝一杯凉茶。读他的书，如同他就坐在自己边上，和自己聊天，聊到高兴处，有笑、有哭。比如读他的《爱心与教育——李镇西素质教育探索手记》这本书，读到《"是我们把您气病的"》这一篇，我会心一笑，然后，沉思，允许我大段大段地采摘如下：

> 她们一进屋，就"呜呜"地哭了起来，我一时真不知该怎么劝她们，但又不能让她们这么老哭下去，便用开玩笑的口吻对她们说，谢谢你们来参加李老师的"追悼会"。但她们并没有被我逗笑，不过哭声

渐渐小些了。过了很久，几位同学抽泣着说："李老师，以前我们惹您生气了，做了对不起您的事，请您原谅！"

我说："哪儿的话？你们从来没有对不起我，别哭了！你们都是非常非常可爱的孩子，是我最喜欢的学生！"

谁知听了我的这句话，她们竟又哭得厉害了："呜呜……是我们把您……气病的……呜呜……"

于是，我装出真的很生气的样子说："你们怎么不听李老师的话呢？叫你们别哭，可你们老哭！这才是真对不起李老师！"

她们终于控制住了自己，只有许艳和黄慧萍还在抽抽搭搭的。我便给她们提希望，鼓励她们在我走后要听冯老师的话，要努力学习……

天已经完全黑了，我便劝她们："你们该回去了，不然会让爸爸妈妈在家里等得着急！"

"李老师，让我们给您唱支歌吧。"许艳擦擦眼泪说道。另外几个女生也说："对！李老师，让我们为您唱支歌吧！"

李镇西记载的是他与学生的故事。他生病了，学生知道了，来看望他，在看望他的过程中，师生之间的一段对话。什么是真情？这就是真情。师生之间的情谊是校园里最珍贵的情谊，李镇西与学生的情谊，既如父女，又如闺蜜，真真切切，真真纯纯。流泪、唱歌，掏心掏肺，最宝贵的是有"教育的元素"在，一段对话，一段学生的自我反省、自我教育、自我提升的过程，而这一切又都是在不知不觉中自然完成的。

什么是最美的教育语言？什么是最美的师生对话语言？上述引用的李镇西与学生的对话就是，那种语言，包括语态、语速等都是。巴学园的小林宗作校长，也是一个很好的例子。他在校园里常说这样的话："好了，你跟老师说说话吧，说什么都行。把想说的话全部说给老师听""你真是一个好孩子""你绝对能做到""不必想着非要说得很好，只要是自己的话，什么都可以。总之，试一试吧"……小林宗作的语言并不华美，却给学生以温暖和信心。巴学园，没有围墙，没有校门，在校生只不过 50 多名，都在废弃的电车里上课。学校办学不到 10 年，但短暂的 10 年中，毕业生中却出现了 18 位科学家、13 位政治家、8 位企业家、11 位著名记者、作家……

　　什么是最美的教育对话？让每一句话，都能使学生终生难忘，这是一个难题，真正实现确实很难。教育者，要在自己日常的教育教学中，以爱与智慧和学生展开对话。一句勉励的话是阳光，一句批评的话是风雨，孩子们的成长需要这一切。我们要尊重每一个学生的个性，提倡每一个有个性的老师，要与每一个有个性的学生进行有个性化的对话，包括课堂对话、校园日常生活的对话。对老师来说，可能是不经意的，但可能是学生终身难忘的，成为烙印留在心底。这样的对话，本身就是一个美妙的教育过程，和风细雨，润物无声，对话成就学生，对话也成就老师。当下，我们要从诸如提高师生对话质量等细微的工作做起，来实现日常的整个的学校教育境界的提升，任重而道远。

　　　　　　　　　　（2015 年 3 月初稿，2017 年 7 月 24 日修改）

诗性教育为何物？

一个个瞬间，看似平常，但对未来而言，都会不同凡响。原来，这就是我们所追求的理想的校园生活。它承载着幸福、美好，自然天成，美妙恰似天籁。

不久前，贵州省的名校长班到我们学校交流，带队老师王俭曾是我的老师。几年前，我参加教育部中学校长培训中心的首期全国中学校长高级研究班，即所谓的名校长的培训班，是"严格"近乎"严厉"的培训。培训已经不以听专家报告为主了，而是"清晰化""条理化"的过程，每个校长，梳理办学思路、梳理思想，然后"概念化""体系化"。一个人在台上讲，刚讲完，坐在下面的校长纷纷发言，轻描淡写地肯定了一两条可取之处之后，就开始提意见、建议，一条一条地说，这个说了，那个说，从整体到局部，几乎"体无完肤"。我也曾有过这样"炼狱"一样的经历，我总结的办学实践以及相应的理念体系，假如是一座"大厦"，可一瞬间就让它倒塌了，所谓的"凤凰涅槃，死而后生"。

死而后生，这就产生了我们的"诗性教育"。它是我们学校办学理念体系化、概念化后的产物。贵州班对校园一番参观考察之后，我与他们作了交流。我与带队老师唱"对台戏"，他要我讲一讲当初我是如何在"炼狱"中"提炼理念、思想"的。我却作了深刻的"反思"，我说：几年前，我曾

039

听一位校长讲自己如何不看书——不看当下国内专家，包括中小学校长写的书。讲得很直率，听后猛然一惊，还有这样一个"狂人"？后来，冷静思考，他还真有几分道理。参加了所谓的培养，整理自己的办学心路与实践旅程，大家纷纷写书。从校园到课堂，从德育到智育，从文化到管理，从老师到学生，从历史到现实，从理念到实践，从目标到过程，从效益到效率，校长们以自己"提炼"出来的理念贯穿全书，渗透于整个书中的角落。比如，我们苏州十中的"诗性教育"。

看这样的一本书可以，会有启发，看两本也还行，也能获得感想，三本、四本，乃至一批又一批，摆在桌子上，几乎一样的模式、一样的程式，会不会产生"审美疲劳"呢？人人提炼办学思想，像不像当初"大跃进"时期的"大炼钢铁"？我说到此，似乎刻薄，引来一阵笑声，然后是静默，沉思。对"提炼"理念、思想，对"概念化""体系化"，我竟持了否定的态度，我说，"珍珠"散落在草地上，不一定要把它们拣起来，用一根绳子串起来，挂在脖子上。经过统一的"提炼"，校长们一个又一个脖子上挂上珍珠项链，如何是好？一群校长，这样站立在一起，会是一道教育靓丽的风景吗？经过"提炼"都是"能说会道"，台上说得头头是道，台下并没有带来许多实质性的办学变化。"概念化""体系化"在书上，而不在实际工作之中。如何是好？

苏州园林中的湖石，是苏州园林的重要元素，但它最讲究一个"真"字。原石，是它价值所在，只要动了手脚，用了"工"，原有的价值也就不存在了。教育不也是如此吗？讲讲真话，讲讲自己的疑虑，说实话，是我的荣幸。中途休息，带队的王俭老师与我认真地进行了交流。我以为他会生气、会发火。结果，他却对我说：你这是"超越"，正因为你先前有了"提炼"的过程，才有此刻的"超然"。所谓看山不是山，看山还是山。你提出"诗性教育"之前的状态，与你提出"诗性教育"之后的状态，完全不是一回事了。没有"模式"，与超越"模式"，毕竟是两回事。

老师，又点拨了我的偏差，瞬间让我"新悟"：提升自己，要把过程与终极目标区分清楚，把过程当目的是错误，把手段、载体当本质、核心是错误。培养教育家不是为了培养教育家。教育家是什么？所谓教育家在当下学校中的本质意义是什么？梳理校长的办学思想，体系化是手段，是过程，用一些通用的手段，建立一种"模式"或"模型"，不是目的，是过程。在这之前，校长有灵光闪现，有珍珠散落在地上，在阳光照耀下，熠熠生辉，是一种原始的状态，原始的状态并不等于自然的状态。从"原始"到"自然"，必须经过"有意义有目的的人工提炼"，关键是"提炼"以后的超越，返璞归真，走向"草根"。这时候的"草根"，看似是"草根"，其实，已经不是"草根"。

经过办学思想体系化之后，虽然，学校呈现的状态，仍然是我们熟悉的那个状态，但是一切都已变化。经历了从原始到自然的过程。第二十一个教师节，我们是这样度过的，不妨把当日的微信记载抄录几则如下：

第一则：下午的教师节庆祝大会上，我们为所有班主任、备课组长、教研组长、督导、中层以上干部，分发聘书。还为三十年教龄的老师分发证书，为生日的老师送上蛋糕。——上台，接受聘书（或证书、蛋糕）、合影，简朴而庄重，也就是让老师们能留住自己的"历史"的证据，历史的记忆需要有"真实的纪念物"作为支撑。

第二则：上午退休教师庆祝会，几百人的会议，他们早早来到学校，天空格外蓝，树木格外葱郁。老教师们一个个排队，等候签到，进入会场。什么是好老师？这就是好老师。两袖清风来，两袖清风去。教师节参加庆祝大会，还要有序地排着队。

第三则：中午，学生在午间休息的简短时光里，在瑞云楼前广场即兴表演，为老师祝福。在平常的日子里，过好教师节。在普通的日常校园生活之中，庆祝教师节，返璞归真，体现教育的蕴含，一切都为常态而有念想。一个个瞬间，看似平常，但对未来而言，都会不同凡响。原来，这就是我们所追求的理想的校园生活。它承载着幸福、美好，自然天成，美妙恰似天籁。

教师节很平常的一天，呈现了什么状态？这样的校园生活是一种什么状态的生活？什么叫"诗性教育"？"诗性教育"是理念，也是校园生活的现实追求。它在平平常常中蕴含意义，它在普普通通中实现教育的理想。不做作，不雕琢。我相信我们学校的第二十一个教师节与第一个教师节师生呈现的精神状态，一定不一样。不一样在哪里呢？在于"文化自觉"，我再举几个例子：

有一天下午，学校举行一年一度的青年教师科研论文评选表彰大会。与往年相比，形式上作了一点改变，没有请专家作报告，也没有请获奖者上台作经验交流。而是开成了一个教育沙龙，话题是：诗性、课堂、教科研三个关键词，由八位获奖青年教师作嘉宾。这三个关键词，即三个概念，放在一起，也就是要在这三者的联系中，阐述诗性的课堂与诗性的教科研的关系，或者阐述诗性与课堂、教科研的关系，或者阐述教科研与课堂的关系。还要阐述清楚什么是诗性，诗性有哪些特征，要界定好这里的课堂指什么，是指学校中那狭义的坐着几十个人学习的"课堂"，还是孩子们所有接受教育或学习的那广义的"地方"，触及的教育问题不能说不多。

沙龙过程中，我也对嘉宾和主持人提出问题，参与讨论，这种互动的"场面"很珍贵，瞬间相互产生的火花，能燃成思想的火焰。提问时，我讲了一个小和尚的故事，梗概是这样的：很久很久以前，有座山，山里有座寺庙，寺庙里有一群人，其中有一个小和尚。这个小和尚天不亮就起身，扫地、挑水，干杂活，然后做早课，然后去寺庙后，翻越两座山，到集市上购买寺庙的生活用品，盐、米、油等，回来以后，再做功课念经，每天如此，持续了十多年。一天，小和尚偶然发现，其他小和尚都比他轻松，每天做功课念经之外，很少做杂活，也偶尔被派去买些杂物，但都是被指派到寺庙前的集市上去，不远，只要翻过一座小山岗，路也平坦。小和尚心有不平，去问方丈。阿弥陀佛，方丈微笑不语。第二天，小和尚还是如旧，起身、扫地、打柴、做杂务，然后做早课，然后，翻越两座山，去买寺庙的生活用品，然后返回。这一天不一样的是，当他走到寺庙后门时，发现方丈坐在台阶上，见小和尚回来了，也不言语，径自带他到了寺庙前大门口，坐下，闭上眼。过了很久，太阳落山了，这时看到几个小和尚蹦蹦跳跳回来了。这时，方丈睁开眼，对这几个小和尚说：为何今天这么迟才回来？小和尚面面相觑，疑惑地回答道：没有啊，以往我们也是这时候回寺庙的呀。方丈转过身，问小和尚，你每天去后山，路这么远，还要翻过两座山，路也不平坦，还要扛许多东西，怎么比他们还早回寺庙呢？小和尚回答说：这么远的路，这么难走，我只有一个念想，早点回来。方丈听后，微微一笑。第二天，方丈把所有和尚和小和尚都召集起来，说寺庙有一件很重要的使命要去完成，要推举一位和尚出来担当。经过严格的考核，包括从体力到毅力，从经书到悟性，唯有这个小和尚能胜任。在大家羡慕和钦佩的目光中，小和尚坚毅地走出了寺门。

这个小和尚是谁？这小和尚后来西去取经，他就是大名鼎鼎的玄奘法师。说完这个故事，我提出了这样一些问题：方丈这样做是诗性的，还是非诗性的？在有意锻炼、磨练这个小和尚的过程中，方丈的哪些做法是值得我们借鉴学习的？假如，方丈最后的那场考核，能算作为"一次定终身"的考试的话，他对小和尚十多年里放其在两座山之间这个"大课堂"吃苦，是不是应试教育？诗性教育与应试教育的本质区别在哪里？科研要服务与服从于"课堂"，现在有许多为教科研而教科研的现象和风气，那是伪教科研或假教科研，为写文章而写文章。小和尚故事中，有教科研的因素在其中，隐形而已，如何让小和尚得到体质、意志、佛理、悟性的提升，有方丈科学的设计和安排在其中，只是没有说白而已。

方丈在这里，是不是可以作为诗性教育的化身？诗性教育与唯应试教

育的区别：首先，两者有目标的超越性、神圣性和庸俗性之别，诗性教育
（方丈）目标是完美的，方丈付重任给能承重任的人，具有对现实生活的超
越性，方丈对小和尚和其他小和尚的态度是不一样的，对他们的要求和期
待也是不一样的。寺庙里的日课是神圣的，而我们现实中的应试教育，却
把手段当目标，机械而庸常。

其次，诗性教育的手段具有综合性的特点，方丈把体能、意志训练和
佛理训练，寓于日常生活（砍柴）和日常事务（后山购物）中，即在完整
的生活和日常而寻常的事务中，完成神圣的锻炼。

再次，诗性教育的方式中寓含着了悟的可能性。小和尚的活动看似枯
燥，其实有诗性，有万取一收的效果。小和尚可以在任何一个环节，如劈
柴、烧水、后山行走等顿悟或渐悟。小和尚走的是一条诗性应试之路，是
"诗性的应试"。我们的教科研，也可以从中得到启发：要针对学生，要跟
踪完整的过程；要了解所研究对象的机理；不抱有成见，诗性教育和应试
教育不截然对立，应试也是素质之一；不功利，无为而无所不为。我问大
家：通过小和尚的故事，能够说清楚"诗性、课堂、教科研"三者的关系，
以及这三者自身的内涵吗？

这次沙龙很有意思，大家进入了角色，在轻松愉悦的讨论、争论中，
探求"诗性教育"的本意。对教育理念的梳理、概念化、体系化之后，还
要像气息一样弥散于校园里、课堂上。这种弥散的方式、形式很多，研讨
会、沙龙，都是，上课、搞社会综合实践活动，也都是。不拘形式，因地
制宜，就是对原有的模式的超越。只停留在"规范""模式"阶段，那不是
真正的"诗性教育"，而那次"诗性教育""小和尚"等话题的沙龙，其本
身就是"诗性教育"之树结成的美丽之花。

（2011 年 12 月 17 日第一稿，2015 年 9 月 24 日第二稿，2017 年 7 月 24
日再改）

高考作文与科举诗文

五千年的文明古国，一部诗歌史正是贯通其中的文明史。先人曾经以诗取人，如今竟尴尬到了连学校的日常生活中都拒绝写诗。

最近，我们举办了一个作家诗人与同学对话活动，题目是"写作的现实与浪漫"。我们邀请了几位优秀的作家、诗人与语文老师，本来是讨论、交流文学问题的，结果成了探讨教育问题，这个转向不是因为坐在台上的嘉宾，而是坐在会场上的几百个高一学生，他们把议题指向了高考，关注点的变化，表明了当下教育的忧思。

学生直接就把对话引向了当下学校教育的现实。当下高中学生还有没有写作的浪漫？允许不允许学生在写作之中呈现浪漫？学生认为当下属于他们的写作，都属于"高考写作"。高考写作是有严格的规范的，不能逾越任何一点规矩。高考写作趋向"新材料作文"，试卷提供一些材料，考生阅读后，写一篇800字的"题目自拟、体裁不限、诗歌除外"的文章。考生能够使用的时间只不过一个小时左右而已。对高考作文的要求是什么？江苏的高考大纲中明确提出了发展等级的"丰富、深刻、有文采、创新"四个要求。出题与阅卷专家、权威又反复强调要重点考察"感悟能力与审美能力"。

在这样的高考作文框架内，能不能写出好文章来？嘉宾与学生、嘉宾与嘉宾展开了对话，出现了碰撞。王栋生（吴非）参加了对话。他说，他曾多次参与江苏的高考语文出卷与阅卷，有一年，他把江苏高考作文得分的前五百份试卷找来，花三天时间全部读了一遍，没有一篇令他满意，即使满分作文。前辈资深语文老师秦兆基也参加了对话，他说，以前科举考试，以文、以诗取人。章太炎的老师俞樾，当年参加礼部复试，题目是"淡烟疏雨落花天"，据说俞樾整篇试卷答得平平，但是开篇的"花落春仍在"诗句，博得阅卷大臣曾国藩的赏识，因为俞樾摆脱了"落花悲伤"的常规思维定势，因而，被定为保和殿试第一名。

由此，深入展开了对话。高考作文写不出好文章，是不是现实？僵化的科举都能写出好诗文，为什么现在反而不能？这个问题是不是高考本身的问题？是高考的标准有问题，还是掌握高考作文标准的人有问题？执行标准的人有问题？有了标准，比如"丰富、深刻、有文采、有创新"，我们怎么理解它？什么样的作文才能称为"丰富、深刻、有文采、创新"？是都要满足这四个条件，还是只要满足其中一条即可？一小时800字内要实现这样的综合目标谈何容易？当年俞樾也仅仅只是一句"花落春仍在"，而被赏识、录取。换成今天，这样情况还能出现吗？仅凭一两句出彩的话，就能获得高分？

当下高中学生的写作往往被引导到教条、功利之路上。为何当下校园排斥诗歌？我以为，罪魁祸首是高考作文不允许写诗。"体裁不限，诗歌除外"，是一句滑稽的话，既然"体裁不限"了，为何还要"诗歌除外"？摆在考生面前的是自相矛盾、逻辑混乱的高考写作要求。为什么高考不能写诗歌？理由是诗歌没有标准。诗歌真的分不出优劣高下？真的没法批阅？五千年的文明古国，一部诗歌史正是贯通其中的文明史。先人曾经以诗取人，如今竟尴尬到了连学校的日常生活中都拒绝写诗。

2012年某省高考，作文阅卷结束之后，大家很高兴，因为出现了许多满分作文。该省某一晚报好事，想方设法获得四篇满分作文，登载以后的第二天，舆论一片哗然，读者发现其中竟有三篇是抄袭之作。奇怪的是：阅卷老师没有发现，复卷老师没有发现，连阅卷主任也没有发现。阅卷者中身份最低者都是中学老师、研究生，高者为大学教授、博士生导师，抄袭的名家名篇，竟然都没有读过。最高分的五百篇高考作文，没有一篇令专家满意的。那么，为什么不满意的作文被判高分作文？会不会那些得低分的作文中有好作文？这难道不是阅卷标准，或阅卷人的水准出了问题？

"写作的现实与浪漫"与"高中生高考写作的现实与浪漫"，是两个问题。我们的学生更关心后者，表明孩子们的忧思与觉悟。要使当下严峻的、严酷的高考写作变得美妙、变得浪漫，有什么办法？有教学问题，我们当下是如何指导学生写作的？为何高考作文不能浪漫？不能自由挥洒？除此之外，高考阅卷这一关，也必须要把握住。高考专家，包括出卷人、阅卷人的素养、素质，他们的观念、思想、理念，他们的态度、情感、审美趣味，他们的出卷思维方式、评判方式，都有一个需要提升与提高的问题。一篇作文800字，现在阅卷者批阅的时间平均不到一分钟，是正常吗？是态度问题，还是一个高大上的要求？诸如此类，看似是一个小问题，也仅仅是语文教学、作文教学中的一个极微观的环节，其实，它所产生的效应是"蝴蝶效应"。切不能因为它，以及与它相关联的一些至关重要的细节，而影响大局，导致出现高考作文还不如科举诗文的现象。

（2014 年 11 月 27 日）

我们为什么要读诗、写诗？

我们读诗、写诗，是为了情怀。是为了让我们的校园生活，乃至于
我们师生整个的生命都能够丰盈起来。

　　为什么用"我们为什么要读诗、写诗"这个题目？这几天我也一直在
思考：这句话是不是一句多余的话？

　　读诗、写诗是中学生必修的课程、必做的功课，正如每天我们吃饭、
睡觉一样，还需要提问吗？然而，事情并不是这样简单。今天的校园，已
经很少在真正地读诗、写诗了，至少已经变得不纯粹。为什么这样说？因
为已经有很长的一段时间，"诗"这个东西，在校园里、课堂上已经边缘化
了。"读诗"还会有一点声音，但是"写诗"在校园绝对是一个稀罕物。

　　我曾经去过一所很有历史、很有品牌声誉的高中学校，我与他们的语
文教研组长交谈。我与他谈到"诗"这个话题，我问：学生还写诗吗？他
怔了一下。然后，说：写的。我再问：一年写几篇呢？他又怔了一下。然
后，又回答我说：他们会写在周记里。我明白了，直觉告诉我，这个校园，
学生是没有正式写诗作业的。我与他继续交谈，聊到了高考。我问：质量
怎么样？他不假思索，说：我们语文是全市最好的，每年高考不是第一，
就是第二。我又明白了，当下的语文成绩是不包括学生的写诗水平的。出
现这样的状态，不能怪老师。每年的高考语文卷，作文部分总是写着这样

的要求：体裁不限，诗歌除外。高考排除了诗歌写作，谁还能自觉地给予重视呢？对此，我也曾多次请教高考出题专家，为什么高考不能写诗歌？回答我的无非是两种答案：一是，年年这样出题，大家延续下来，我们也不知道为什么，是"约定俗成"吧；二是，诗歌没有一个统一的标准，阅卷老师很难操作。我又明白了，造成这样的现象，也不能责怪出题专家。他们也无可奈何。

一个有着五千年文明历史的民族，五千年来以诗辉煌的民族，留下了灿烂的"唐诗、宋词、元曲"，令整个人类羡慕的民族，当下在中学教育中，面对"诗"竟如此尴尬？

我们为什么要读诗、写诗？回答这个问题，先让我们再想想："诗"是什么？我以为，"诗"是凝炼的思想，是感性与理性高度融合以后对整个世界的哲学解读，是顿悟，是灵性，是现实，是梦想，是包裹着阳光雨露风雨雷电的人生旅途中的浪漫，是生与死的纠结与不朽，是爱与恨、痛苦与幸福交织成的最美妙的如天籁般的乐章。对这么一个东西，我们为什么要回避它？我们读诗、写诗，是为了情怀。是为了让我们的校园生活，乃至于我们师生整个的生命都能够丰盈起来。是为了使平常变得超凡脱俗，使平淡幻化出七彩。我们读诗、写诗，是为了担当。这种担当基于现实，在我们每一天的每一时每一刻中，都能感受到一种责任与使命，责任与使命就是我们的希望、我们的梦想。诗是能让我们神圣起来、高尚起来，能让我们真诚、友善、感恩、纯粹起来的蓝天下的一泓清泉。

我们很荣幸，这个园子里就有这样的一泓清泉。青少年时期，我在这里读书，那时候我在这里读诗、写诗。离开这个园子的二十多年的时间中，我从不读诗，也不写诗。我再次来到这个园子之后，我又开始读诗、写诗了。是这个校园唤醒了我的诗性、诗意，真是神奇。两三百年前康熙、乾隆在这里读诗、写诗，曹寅、曹雪芹在这里读诗、写诗。七八十年前杨绛、何泽慧在这里读诗、写诗。今天我们师生在这里读诗、写诗。近三年来，我们有十多位老师发表诗作；有七八位老师作为诗人被有关杂志报纸介绍；每年有四本学生诗集出刊；从这里起步的每年一届全国中学生诗会隆重举行；以2007级的王禹为代表的西花园学生诗人群出现。虽然，微不足道，我相信，会酿成"蝴蝶效应"，我们有着如诗一般的期待。读诗、写诗是教育的天经地义啊。

我在诗集《想一个人旅行》的序中写道：

六年前，我们的一个小小的愿望，如一道早晨的阳光，点亮了我们内心的世界。我怎么也想不通，一个以诗著名的国度，曾极端地以诗取人的国度，到了今天在"高考场上"唯独排斥诗。作文考试的题目总是要说"体裁不限，诗歌除外"。大家都知道蝴蝶效应，一只蝴蝶扇动翅膀，可以对数万里之外的气候、环境产生影响。当下整个社会的功利缺少诗意，会不会与学校考场上的不让写诗这个"蝴蝶效应"有直接或间接的影响？我们在一个偶然（其实并不偶然）的场合，萌发要办一场中学生的纯粹诗会。事有因缘，我们一群来自全国各地的校长，包括阮厚广校长、福州的李迅校长、郑州的毛杰校长、济南的陈仕学校长、南京的陈康金校长，由于一个校长研究班（教育部中学校长培训中心首期全国优秀中学校长高级研究班）而聚集在一起，从而有了这场诗会能覆盖各省各地的可能。如今已经办到了第六届，那是我们的自信所诞生的成果，那是"情怀""唤醒"'"情怀"的一次诗歌重新回归中学校园的伟大举动。历数走过的路，从第一届在苏州十中到第六届在合肥168中学的"聆听四季"。一路歌唱。那是一支浩浩荡荡的队伍，从高原、从草原、从大漠、到水乡、到长江、到黄河，青春的队伍、少男少女的队伍、一路唱一路走，不仅仅是"情怀"，还蕴含"担当"、蕴含"原创性"。

......

　　仅仅聆听是不够的，还要与聆听的对象对话。我们从四面八方来，带着自己的原创诗作来，这表明我们正在一种近乎完美的方式在"聆听四季"，并同样以近乎完美的方式，与"四季对话"。以诗的方式与这个世界接触，以诗的方式承受这个世界给我们带来的所有希望、绝望；快乐、忧伤；成功、失败；苦难、幸福。有了如此达观的态度，那我们的青春、人生将近乎完美。

写作是关乎灵魂的事情

学校里发生的事情，没有比学生的发展更重要的事情了，铸造学生
高尚灵魂是神圣之事。

1937 年 5 月蔡元培站在我们学校的振华堂，慷慨陈词，他说："习惯之改革非甚难，而最要之关键，全在教育。"同一天，竺可桢站在这里，接着说："诸位，移风易俗是一件很难的事情，而同时也是中国所最需要的一件事。"重温两位先贤的话语，此刻会有什么启示？

继蔡先生、竺先生演讲以后，又是十年，1946 年 10 月陶行知站在这里，他说："我知道振华的精神一向很好，振华是数一数二的学校。"

我曾反复问自己：陶先生为何这样说？是因为这里有一个美丽的校园吗？是因为有织造署悠长的历史吗？是因为我们的学校有较好的生源吗？是因为我们的学生都有比较优异的学业成绩吗？这些都是，但又都不是。能够称得上是数一数二的学校，只有一个标准，就是看这个学校为我们这个民族、这个国家、这个社会、乃至人类做出了多大的贡献。我们可以自豪地说，我们的学校在 106 年的历史中为国家、民族、社会，乃至人类做出了贡献，我们的许多杰出校友，如费孝通、杨绛、何泽慧、陆璀、彭子冈、李政道等，以及所有的从这里走出去的平平常常的社会公民，以自己的作为，为国家、民族、社会，以及整个人类做出了贡献。

近年来，我们寻找一条深入素质教育的校本化之路：践行以本真、唯美、超然为特征的"诗性教育"，包含正在寻找文学与教育的融合之途径。2011年10月"放飞青春"首届全国中小学生校园诗会，也在这个振华堂举行，来自全国23个省、直辖市的50多所学校、200多位师生在这里朗诵自己的诗作。得到了《扬子江诗刊》《星星诗刊》的支持。《星星诗刊》2017年起开辟"中学生营地"，邀请我作主持，全国中学校园多了一个交流的平台，全国许多学校出了诗刊、开了诗会，并已常态化，教育需要诗意。

我一直坚信，写作是关乎灵魂的事情。学校里发生的事情，没有比学生的发展更重要的事情了，铸造学生高尚灵魂是神圣之事。高尚灵魂来自一个内心丰富的人。丰富从何而来？从阅读与行走中来，这是写作的基础。古人说：读万卷书，行万里路，就是这个意思。所谓读书与行走，对我来说，就是一件事，可以用"阅读"二字概括。我所说的"阅读"的内涵有两层意思，一是读书，二是读世界。所谓高贵的灵魂与美妙的肉身美妙地结合在一起的阅读。

人的生命有限，书却是无限的。因此，我主张读书主要读经典，经典是历史的、文化的、知识的精华。读万卷书，仍然读的是经典，有万卷"经典"在肚、在胸、在心，那就是"底蕴"。而行走就不一样了，不一定都要行走在名山大川，也不一定都要行走于远方，心里有什么都有，一草一木，在心里有景的人看来，无论在何处，都是景。故乡、异乡，只要心里有远方，无论故乡，无论异乡，都会是远方。读书与行走本质上是一回事情，都是聆听世界，一个是听别人陈述世界，另一个是自己直接去领悟世界。读书是聆听，行走世界也是聆听，只是聆听的对象不同、方式不同。聆听只是阅读的第一步，第二步是对话。与书本对话、与世界对话，对话就是表达，把自己阅读过程所获得的感想、感悟，表达出来，表达的过程亦是对话的过程——写作正是这样的过程。

经典，有泛读，也有精读。比如读古典散文，我们可以读宋朝的范仲淹、王安石、苏轼，可以各拿他们的一篇散文来研读：《岳阳楼记》《游褒禅山记》《赤壁赋》，他们的境界有高下吗？他们的艺术成就一致吗？我们会发现有趣的问题：他们写这三篇文章，其实，都是看图说话，范仲淹没有去过岳阳楼，对着一幅画，写了《岳阳楼记》。王安石去了褒禅山，他何尝不是把眼前的景当作一幅画来写？苏轼干脆自己与赤壁这幅画融为一体，画就是我，我就是画。2016 年全国高考统考卷，作文题就是给出一幅画，让考生"看图说话"。假如，我们考生对宋朝这三个人、三篇文章，研磨过，一定能在考场上得心应手。江苏高考作文考纲明确要求，文章要写得深刻、丰富、有文采、创新。《岳阳楼记》《游褒禅山记》《赤壁赋》对高考作文来说，真是典范。特别是《岳阳楼记》，情怀、担当、原创性，高考所需要的，它都有。

从某种程度上说，高考作文，是回归写作传统的写作。精髓是什么？是感悟，文中要有"悟"，还要是"新悟"。看图说话，无论是画、是景，要有自己的感悟，而画、景只是载体。这种"悟"就是思想。有情怀的思想，是在读书中读出来的，是在行走中读出来的。读书与行走、聆听与表达、思想与对话，这三对关系把握好了，那才是真正地进入了境界。对于阅读，有几句话，是要记住的："遇到一本温暖的书或温暖的一篇文，像遇到爱一样。"我们在阅读中有没有这样的感受？有这样的感受，是真阅读，否则不是。"在阅读世界万物之中读自己，读世界就是读自己。"要把自己放进去，融入进去。在阅读中我们会不经意遇见我们自己，在人生的经历中我们欣赏别人，其实，别人也欣赏我们。"阅读中会相遇一种永恒，不是文字，而是'情感与情怀'"，我们阅读，不要以为都是功利的行为。阅读是在最柔软的地方，灵魂与灵魂的相遇与融合。这几句话，只是我阅读的体会与感受，我愿意与大家分享。教师要成为一个丰厚的人，唯有阅读，唯有在阅读中感悟，久而久之，我们也一定能成为一个有生命质感的人；

发现自己、认识自己、提升自己、超越自己、创造自己。

从我们这里走进、走出的作家、学者可谓多矣，如：章太炎、胡适、王佩铮、杨杏佛、洪深、苏雪林、彭子冈、张羽（《红岩》的责任编辑）。后续有人，如当今活跃在文坛上的范小青，也曾在这里教过书。她的《瑞云》，或许也曾得之于我们西花园的"瑞云峰"的灵气，范小青还是《苏州杂志》主编，《苏州杂志》编辑部在叶圣陶先生的故居。叶圣陶先生于1936年至1937年在我们学校教写作，他的"以手写我心"，老师要写"下水作文"，是我们今天提倡"诗性写作"的源头活水。今天的教育，取得了历史上从未有过的进步，但是，有些地方仍需要反思、仍需要改进。文学是人学，教育也是人学，两者是相通的。我们提倡孩子们自由写作，在写作中放飞我们的理想，让灵魂飞翔。

（2012年3月24日初稿，2017年6月26日修改）

仅仅是一切美妙的开始

我们写诗，不是要我们每一个人都做诗人，而是要我们做一个有诗
人情怀的人。

　　此刻，我坐在阳光下，欣然为这本同样阳光灿烂的诗集写序。2011 年 10
月 29 日，"放飞青春"全国中学生首届诗会在美丽的苏州——美丽的苏州十
中举行，来自全国 23 个省、自治区、直辖市的近 50 所中学的 500 多位师生，
在典雅的"振华堂"，朗诵与倾听自己的诗作，所有人都处在无限的激动之
中。真是一个无以忘怀的场面，那个江南温和的季节，在那个瞬间，诗性在
所有人的身上，包括成年的嘉宾、老师的身上，苏醒了。这个集子，就是那
一天、那一刻的真实记录。我敢说，那么多年了，没有哪一次诗会，会这么
盛大。没有哪一次诗会，会引起社会包括教育内外媒体、诗歌界的关注，也
没有哪一次诗会，会如此突破诗歌本身的意义，而对学校教育产生影响。
　　此刻，我坐在西花园的阳光下写序，回想到 9 个月前，我们一群来自全
国各地的中学校长，在美国康涅狄格州"跟岗"培训的情景。那一天早晨，
天下大雪，整个都是白雪覆盖下的世界。我们分别去跟岗的学校，他们的
校舍都是大体量的封闭式建筑，一整天都在大楼里，当我们下午离开大楼，
走出去的时候，早晨的那场大雪，那大地上、大树上、所有房舍上的厚厚
的积雪，消失得无影无踪。瞬息万变，变化得如此之快，不可思议。汽车

行驶在回住所的路上，在森林与湖泊中行驶，是一个丘陵地带，公路从不在一个平面上，一切都是因势赋形，似乎看不到平整土地的痕迹。傍晚，我们吃罢晚餐，坐在窗前闲聊，晚霞布满天空，柔和的光彩照在身上，真是诗情画意。自然就聊到诗、聊到这个时代诗意的缺失，聊到要举办一场中学生诗会。大家提议由我第一个去承办第一次诗会。为什么？理由是：我所在的学校被称为"最中国"的学校，校园里洋溢着浓郁的古典文化的气息。况且，我们正践行着以"本真、唯美、超然"的诗性教育。还有一个理由：有一个写诗的校长。尽管第三个理由是对我的调侃，但充满着真诚。我们这群参加教育部中学培训中心举办的首期全国优秀中学校长高级研究班的校长们，三年来常常在一起，培训研究之余，我们写诗、赋诗，以诗表达情感与志趣，本身就是教育的佳话。就在那个温馨的异国的傍晚，我们约定：不学那些数、理、化等奥林匹克学科竞赛，去功利色彩，不评奖，做一个纯文学的校园活动。回国以后，联络了华东师范大学、《中国教育报》《星星诗刊》《扬子江诗刊》《苏州杂志》《姑苏晚报》等作为共同主办单位，用了半年的时间筹备，终于实现了大家的心愿。我要感谢霍益萍教授、王意如教授、杨桂清博士，还有王殿军、毛杰、徐向东、刘平、阮厚广、孙先亮、高玉峰、李昌林、陈仕学、陈康金、夏强等校长班的同学，要特别感谢李迅先生，他是最早提议要举办诗会的人，从美国回来，几乎隔三岔五就要提醒与督促我，诗会那天他派出了强大的阵容参加活动。没有他们的思想以及多方支持，首届诗会不会办得如此令人难忘。

此刻，我坐在阳光下的怀想中写序，心情格外愉悦。我的思绪又回到了诗会当天的场景，作为东道主，被组委会指定上台致辞。事后，有人问我：有没有讲稿？又有人对我说：真不简单，把讲稿都背出来了。还有人问：你准备了多少时间？说实话，这个致辞，我没有写成书面稿子，是一个即席发言，但准备它，何止是用一天、两天啊，而几乎是用了一年、两年，甚至更多的时间感悟诗与教育。致辞的题目，用了我的一句诗"在这个园子里，遇见你是我幸福的开始"。那句诗，真的很准确地表达了我当时的心情。那个园子的那个诗会，让我遇到了许多人：我们语文界的前辈、文学诗歌界的精英，特别是那些来自全国各地的可爱的孩子，那真是我的新的幸福的开始。那个场景，又让我联想到历史上的那一天，也是在这个校园、也是在这个振华堂，走来了蔡元培、胡适、竺可桢等大家，让我们前辈的校友费孝通、杨绛、何泽慧、彭子冈、李政道等遇见了他们，使他们有了人生的幸福开始。追溯历史，更久远的那一天，也是在这个园子里，走来了曹雪芹，让他留下了深深的苏州烙印，一部《红楼梦》，让我们中华子孙有了文学阅读的幸福开始。历史翻开了新的一页，我把诗会上的致辞，摘要于下：

在这个时候，我想到了我曾经写过的一首诗，这首诗的题目是《我寻找我的仓央嘉措》。仓央嘉措是诗人、六世达赖喇嘛，今年八月我又一次踏上西藏高原，在那方净土寻找"仓央嘉措"，其实我寻找的不仅仅是诗人的仓央嘉措，我是寻找美好、寻找理想、寻找诗意的生活、寻找诗意的教育。教育是什么？教育就是老师寻找通往学生心灵最柔软的地方，在那里种上爱的、善良的、诚实的、希望的、理想的种子，沐浴风雨，长成参天的大树。我想，那个最柔软的地方，那个参天大树就是我们心中的仓央嘉措。

每一次写诗就是一次火山爆发，每一次写诗就是一股清泉在山里流淌，这是一个美好的经历。我们写诗，不是要我们每一个人都做诗人，而是要我们做一个有诗人情怀的人。我在即将结束我的致辞的时候，又想起了著名的大诗人泰戈尔的一句话："教育的目的就是向人类传递生命的气息。"说得多好啊，那是诗意的对教育的阐述。同学们，今天在这里我们也在用自己的诗句对教育作出做好的诠释。在这个园子里，我们找到了自己的理想，今天的诗会将又一次成为我们永远的记忆，留在我们的园子里。

此刻，在阳光下回想这些难忘的记忆，让我对未来充满了希望。我们这群人，无论是老师，还是学生，都承担着传承中华的诗性文化的责任。中华的诗性文化如何在我们每一所校园里得到传承，是我们必须去求索的事情。传承中华的诗性文化，绝不会像写一首诗、举办一次诗会那样简单和浪漫。《星星诗刊》决定，2012年始开辟中学生专栏，以回应全国中学生诗会活动，邀请我做栏目主持人。在第一期的栏目上，我说：高考考什么，老师教什么，一张试卷，引导着学校教育教学。高考作文的题目要求，总有一句"体裁不限，诗歌除外"，高考把它排除在外，谁还会重视它呢？这是时代的悲哀，也是我们民族文化进入这个时代的悲哀。我们当下的学校教育一再强调要培养创新人才，但是在实际教育过程中，往往只重视科学素质素养的提升，而忽视了人文精神的塑造和培养。古希腊有句名言："诗人与创造者同义。"诗人的"想象"与科学家的"想象"，在本质上是一致的。

诗会及诗会的反响，促使我对一些问题作进一步的思考：一场诗会为何会得到这么热烈的响应。为什么？究竟为什么？参加诗会的江苏省教育厅副厅长胡金波、《中国教育报》副总编李功毅、《星星诗刊》副主编靳晓静本没有朗诵的安排，瞬间被打动，即席要求上台朗诵诗作。这场诗会，《光明日报》《中国教育报》《文汇报》《江苏教育报》等媒体及时作了专题报道，国内许多网站纷纷转载。一时，那些没能来参加诗会的学校，包括许多名校，纷纷表示下届一定要参加，有的还表达愿望，愿意承办下届诗会。我们的规则是，从首届诗会始，每一年举办一届，由诗会成员学校申报，轮流举办。我们期待它成为一个品牌，成为一把火，在无边的星夜，与星光遥相呼应，浪漫而又温暖这个曾渐行渐远的世界。

我们走得太远了，一度离诗太远了，使得诗远离校园、远离年轻人、远离现实的生活，甚至在有些地方，学校的所有教育活动，几乎都瞄准和奔向功利的目的。正如诗会上华东师范大学任有群教授所说："我们读书的那个时代，连数学系都在写诗，现在连中文系都不再写诗了。"社会的功

利，哪有学校的不功利？反过来，学校功利，哪会有社会的不功利？走得
太远就要走到极端，到了极端，其实就是绝境，现在到了我们需要回归的
时刻了。

此刻，坐在阳光下，我为"放飞青春"诗集写序，行文即将结束，我
又自然想到了自己曾写过的一首诗，题目是《我踏入了你的界河》，其中有
这样的诗句：

　　　　在黄昏的那阵悸动中
　　　　雪花纷纷地开放
　　　　大地上的树
　　　　站成一个个勇士
　　　　树上没有一片叶子
　　　　树下也没有一片叶子
　　　　这是个悲凉的时刻
　　　　我踏入你的界河

　　　　我从遥远的那个地方
　　　　飞奔而来
　　　　那个地方有异样的声音
　　　　异样的魂灵
　　　　我踏入你的界河
　　　　骏马前蹄奋起仰天长嘶
　　　　这是个悲壮的时刻

是啊，现在我们正到了那个悲壮的时刻，我们正从"树上没有一片叶
子/树下也没有一片叶子"的冬季，向冬天与春天的"界河"飞奔而去。正

如，这首诗最后所表达的：

> 我傲然地踏入你的领地
>
> 多美啊
>
> 一年四季的花果
>
> 都在这里争奇
>
> 一年四季的风景
>
> 都在这里聚集
>
> 我甘愿仆倒在地
>
> 化作一缕你的气息

现在，我们已踏入了那个美妙的春天。诗会上呈现的那些美妙的诗，这个诗集中呈现的那些动人的诗，是春天里的灿烂花树和无数花树上的花朵，千姿百态，争奇斗艳，一切都是那么美好。写到此，那个美好的诗会的场景又出现于眼前，山东省青岛第二中学的学生王博文《想一个人旅行》的诗句在耳畔响起："好想一个人旅行/将那些无论多假的传说都/一一铭记""然后留下日落里的背影/加入本土的传奇/让渐次明灭的星光/镂空回忆"。绮丽而悲美的诗句几乎与我的《我踏入了你的界河》共鸣着。走过苍凉与悲壮，就是春天，一切奇迹都可以发生。正如苏州十中俞秋艳同学的《稻草人》："稻草人，独自的，在田野里"，可笑又孤独，但是，春天到了，"在嫩绿的田地里，春风俯在它身边细语""细细看那/这可笑的稻草人长成了一棵树""呵，多美丽/这可爱的一棵树"。是啊，春天的田野上，万物苏醒了，一度的稻草人，也焕发了生机。多美好啊，仅仅是个开始，一切也还都方兴未艾。

（2011 年 12 月 14 日）

第二辑

诗性课堂

建一间没有标准答案的课堂

今日的课堂，是明天的社会、明天的世界。

今天让学生习惯从一种视角看问题，长大以后怎么办？

当下教育的最大弊端是"标准化"。我所说的，不是学校办学条件的"标准化"，也不是指课堂教学模式的"标准化"，各校千变万化，在"有效教学"理念一统下，其实变化也只有一种变化，就是"标准化"，也不细说。我在此强调的是，一系列教育教学的指向，促使学生，确切地说是师生的思维朝着一个方向："标准化"。当下的考试，特别是重大的选拔性考试，左右着课堂。"标准化"是如何"控制"课堂的呢？则是"标准答案"。一张试卷，支撑的是"标准答案"。只要离开了"标准答案"，哪怕"新颖"、哪怕有"原创性"，都无济于事。教师依赖"标准答案"，学生服从"标准答案"。

我越来越感觉到，"标准答案"是当下中小学教育教学中的"恶性肿瘤"。我也越来越感觉到中小学教育教学改革，不能说大话，要从能解决"标准答案"这样的"小领域""小问题"做起。近年来，我一直有一个愿望：能不能有一间课堂是没有"标准答案"的？我从自己做起，在我的课堂上不设"标准答案"。提出任何问题，强调没有"标准答案"。提出自己的观点，只要陈述出理由，就是最好的答案。一些地方常常会邀我作讲座，我力求变这样的会场为"课堂"。要求大家暂且忘了自己的身份，回到学生时代，双向互动，提出一些问题，请大家发表，反复申明没有"标准答案"。我之所以这样做，是希望大家也能这样做，都能在自己的学校里建立没有"标准答案"的课堂。

没有思想、见解，人云亦云，如何谈得上情怀、担当？没有教育的"创造"，如何有学生的"创造"？如何有未来社会的"创造"？莫言获奖，有诸多的理由。莫言没有读完中小学的全部课程，在他的头脑里没有"标准答案"，没有经过"标准答案"的训练，这与他的作品富有"原创性"或许有很大的关系。学生有没有"创造性"，有天赋的因素。即使有天赋，不认真、全力地去保护，可贵的"创造品行"会很快地丢失。能不能保护学生的"创造"天赋，往往取决于教师的态度、能力与认识水平。一个习惯于"标准答案"教书的人，每天、每时、每节课、每一个教育教学场合，都有"标准答案"的方向、轨道左右着，如何又能发挥、保护自己的"创造性"？自身没有创造性，如何能要求教育的对象具有"创造性"？

微信朋友圈好好地挖掘、利用、整合，则是教育的资源。这样的资源不是静止的、封闭的，而是可以互动、互相作用、互相切磋、互相启发的。我在朋友圈看到一组"裙子"的照片，古典的、民族的、色彩斑斓的、风姿摇曳的。有了感触，下载，一张张裁剪，把头与脚、身体都裁剪了。写上一段话，发了出来："我看到一组照片，是展现裙子之美的。不过，都是全身像，看了穿了的脸以后，却丢失了美感，被我一一裁剪了。维纳斯断了双臂才显示了真正的美，我以为裙子在属于自己的状态下，才有可能无与伦比。对生活，对生命，对教育，对学校有什么启示呢？"

很快朋友们纷纷发表意见，大多赞成我的意见，沿着我的思维演绎。不过，中央教科院的王素老师，却不赞成。我又在微信朋友圈里接着说："刚才，我发了一组剪掉头的单纯裙子照。看来我错了，不该剪去头。剪去头是目中无人，对教育的启发就是有效教育常常见物不见人。中央教科院王素老师说得好，她说：'对教育的启示就是没有单独存在的美感，都是和生命体融为一体的，剪掉了头，就是忽视了生命体的差异，只追求裙子自身存在的美，就是忘记了裙子本是人穿的。教育亦如此，所有的课程都是为人服务的，如果忽视了个体差异，只追求课程本身的完整性和结构性就是本末倒置，形式大于内容了。'"王老师的观点，说的是自己的话。正是我们课堂上需要的，需要学生在课堂上不受老师观点左右——没有"标准答案"，何其好。

王老师对裙子的态度、观点，高于我的认识，道出了当下课堂存在问题的要害，课堂往往忽略了个体差异，学生个体的差异，老师个体的差异。当下，衡量好课是有标准的，"标准"本身无可非议，没有"标准"如何衡量差异、差别、高下、好坏？问题是往往只有一个"标准"，而且是不变的，是权威说的，是行政部门或教研部门"文件"规定的。课堂上吹着一种"风"、散发出一种"味"，没有地域的差异，没有历史与现实的差异，没有文化的差异，更何况没有在不同的区域、历史、文化背景下具体的活生生的生命个体的差异。

前不久，一场旷世之寒，袭击长江南北，寒雪纷纷扬扬。面对江南的风雪天地，我在微信上这样说："江南的雪，也是柔和的精灵。江南的雪的冷峻，也只属于江南所有的那种温柔。不会是暴躁的，不会是肆无忌惮的，不会是绝情而忘乎所以的。有一种飘逸，有一种淡然，有一种浸入骨髓的禅意。"不是吗？即使下雪，南方的雪与北方的雪完全是不一样的，下的姿态不一样，飘落在地上的状态不一样，因而积雪积成的状态不一样，积雪积成的雪原更不一样。下雪是什么样子？雪原是什么样子？有"标准"吗？有"标准答案"吗？社会与自然世界从没有一个相同的事物、事件，为什么我们面对它们的时候，一定要人从一个方位、角度、视点去了解它、解答它呢？

今日的课堂，就是明天的社会、明天的世界。今天让学生习惯从一种视角是看问题，长大以后怎么办？他们的思想、思维、情感的方式都是同类、同质、单一、机械的，如何去适应社会、引领社会向前发展。以"标准答案"左右考试、左右课堂教学、左右师生的思维方式，不但不是"教育"，甚至是反"教育"、反"天性"、反"规律"的。世界上，万事万物看似没有联系，其实它们之间有着许多虽然不是直接的，但是间接的、内在的千丝万缕的联系。生活中、自然场景中有诸多现象，与课堂是相通的。比如，前方是远方，远方是我们要去的地方，有两条路，总比只有一条路要好，有三条路总比有两条路要好。有越来越多的路可以选择、取舍，当然更好。我们选择、取舍哪些路、哪条路的时候，就是求知的过程、学习的过程、锻炼的过程、提升的过程，不被现象迷惑的过程。一条太明亮的路却不一定比一条朦胧的路好，一条乡村泥泞的路不一定会比平坦的公路好，前方有许多可能，只有唯一的所谓"标准答案"性的选择往往会出问题，不是吗？

教育为何这么热衷"标准答案"？有许多匪夷所思的理由。为了"标准答案"，追求"高效""有效"，课堂就成为寻找"直径"、走"直径"的过程。所谓"高效""有效"，不允许"走弯路"、"受挫折"，一言以蔽之，就是不允许"失败"。其实，"失败"也是美妙的体验，没有挫折与失败，哪有成绩、成就与成功，体验挫折、失败，也是体验成绩、成就与成功的前奏、前提。有时候，答案确实只有"唯一"，但是我们也不能把"唯一"一下子展现出来，现在所谓讲课堂效率、效益，往往就是直接呈现"唯一"。

有一次，我去苏州一家园林，进入大门，走进厅堂，满是花窗。苏州园林的花窗是很讲究的，窗内窗外是相互的映衬、照应，也是相互的借景、拓展。每一堵墙壁上的花窗的款式、样式都会不一样，是苏州园林艺术的一部分。可是迎面墙上的上下几排花窗的最上居中的花窗却没有窗隔，苏州园林花窗的窗隔是很讲究的，花纹、花饰的大小、间距，都是呈现艺术气息的。这是为什么？为什么这一个没有窗隔？窗外古树森然，直接映入室内，效果也很好。于是，我拍了照片，把它发在微信朋友圈，附言："园林的花窗之美，体现了园林的境界。花窗是镜框，花窗是一幅画。窗内窗外，呼唤呼应，实景虚景，都成一景。这个花窗的上中位置，少了窗格，是有意布局，还是坏了掉了？请朋友们说说。"有人说：是有意为之，留一隅望天。有的干脆演绎："那扇窗故意不布窗格，一来可以让观者更清晰地看到窗外风景；二来富有匠心，虚实结合，留白纵思；三呢，就仿佛书法中的错字一样，具有视觉冲击力。"另一个朋友接着说，继续深化："那是一扇心窗，一千个游客便有一千扇心窗；来吧，同学们，给你的心窗雕花吧。"说实话，上述朋友的发言，近乎调侃。真实的情况是，这个窗隔坏了，拿掉了，新的还没有换上去。假如，这被好事者提供为考试题，以如此这般深挖"蕴含"的思路编制"标准答案"，会怎么样？这样做一次可以，两次可以，一年、两年，整个十二年基础教育每天都是如此，学生最后会怎么样？

我以为当下解决中小学教育教学老师中的"标准答案"问题，是学校改革的大事。"标准答案"的实质是，我们学校日常做着扼杀孩子"天性、创造性"的事情，却往往冠以教育之名。我希望建一间没有"标准答案"的课堂，从一间开始，到无数。在当下的考试背景下，我们一两个学校一下子颠覆"标准答案"也不现实，我们还要生存，但是，我们可以从我做起，从细微开始，从"一"开始，使我们的师生能从"标准化"中解放出来，人人有创造之心、创造之情、创造之能。最后的结束语似乎有点不衔接，云里雾里，但是我仍然以此作结：椅子上摆花瓶，是创意还是反常？有一种创意让人别扭，有一种反常却让人赏心悦目。而如此这般，一枝花花枝招展，是遗弃还是在意？

(2016 年 2 月 3 日)

我们需要什么样的课堂？

课堂应是一片茫茫的草原，我们老师要交给学生一匹骏马，让他们
去驰骋，去经历风雨，去经历阳光，哪怕去摔跤，那也是美妙。

　　最近发生的几件事，催发我对课堂的进一步思考：一件是莫言获得诺贝尔文学奖。当我们为莫言得奖而几乎是整个社会兴高采烈的时候，我们有没有查一查莫言的学校生活经历？第二件事情，发生在莫言得奖之前。2012 年江苏语文高考作文题为《忧与爱》，高考之后，江苏的一家发行量很大的晚报刊登了四篇满分作文。几天以后，被披露有三篇是抄袭之作，一时舆论哗然。

　　我们今天的课堂怎么了？特别是语文课堂怎么了？我曾多次说过，我们的课堂已经演化成了"车间"、成了"流水线"，"车间""流水线"还不够"有效"，还要成为像"高铁"那样"高效"的课堂。几年前，我曾聆听过西交利物浦执行校长宋永华的一场报告。他是英国皇家科学院院士，在科学研究上有许多建树。那天他讲的如何做研究等我都记不得了，但是我记住了他下面的一席话，他说：我之所以有今天这样的一点成就，要感谢我的母亲，我母亲是四川大山里的一位普通的农妇，她不识字，就是这位不识字的母亲保存了我少年时代最初的那一点原创品行。是吗？我们今天这样精致、精巧，甚至可以说精雕细刻的课堂，竟会扼杀孩子们的原创

精神？就是在这样的规范化、模式化、程序化的课堂生活中，我们孩子的那种好奇心、那种求索的渴望、那种原创性的品质被一点点蚕食。宋永华的一番话虽未对今天的学校教育有任何微词，但对当下课堂的忧虑还是能够感受得到的。

我曾借用冯友兰对人生境界的阐述，描述了我们当下的课堂。我说当下有四种课堂境界：原始课堂、功利课堂、道德课堂与审美课堂。我们摒弃的是前两种，提倡的是后两种。我们理想的语文课堂是什么？就是那种返璞归真、回归自然的语文课堂，是那种能实现三维目标，呈现无限美妙的课堂，像森林，像草原，学生可以自由地在其间活动。我们今天的语文课堂，追求更多的是技术层面的东西，"情感、态度、价值观"这些目标的落实，在实际教学中却常常被忽视，我们的课堂，常常是冷漠的课堂，缺乏余地，缺乏情感体验，特别注重知识，几乎把学生当容器。爱因斯坦说过：想象比知识更重要。我们今天的课堂，还充满着想象吗？丰富的想象力是创新人才最基本的特征之一，历史上很多科学发明，都是首先从想象开始的。

我们常常走入误区，以为创新人才的培养，关键是培养学生的科学素养和科学精神，因而不重视人文学科，即使在人文学科，包括语文学科，也还是仅重视理性思考与理性精神。比如，在语文学科中，我们对学生的直觉思维又关注了多少？当一个人的阅读水平达到了一定高度以后，第一次阅读的"初感"是很重要的，往往最真实、最可靠，今天我们的语文课堂，需要孩子们的"初感"吗？已经不需要了。一篇美妙的课文，拿到手后，会很理性地分析、归纳出几个知识点，然后再把这几个知识点转化为"考点"，分析这几年的试卷，哪几个考点已经考了，哪几个考点还没有考到，再编制标准答案，标准答案再分几个层次。学生在考试中，假如不因循标准化模式，答案与其不符，则被扣分。长期以往，如何了得？学生的那种"顿悟"、那种初感似的直觉思维还有吗？牛顿坐在苹果树下，看到苹果从树上掉下来，发现了"万有引力"，这就是"顿悟"，这就是直觉思维的结果。

写作教学，同样如此，当下又呈现一种什么状态呢？那种模式、模型化倾向已经到了连我们自己都不能容忍的程度了。我们常常哀叹学生的文章缺少生活，内容干巴巴。是学生缺少生活吗？上帝对每一个人都是公平的，给予每人一天都是二十四小时。我以为，学生写不好文章不是缺少生活，而是缺少对生活的体验，确切地说是缺少对生活的情感体验。我们老师在写作课堂上教会了他对生活的情感体验了吗？没有，我们老师自己从不写如叶圣陶所说的"下水文章"，我们自己都不会体验生活，都不会富有情感地体验生活，都不会在自己的"下水作文"中呈现这种感悟，如何能教会我们的学生感悟生活，并在自己的作文中体现这种感悟呢？缺少"体验、感悟"的课堂，也是不道德的。

什么是道德的？道德的即与审美是相通的，对现代教育而言，道德要求这种审美转化为责任。远古记载："舜耕地，牛不走道，舜鞭己不责牛。"舜的"鞭己不责牛"也许不能为现代教育所认同。不过，我们倒是可以从中受到启发，课堂还需要一种文化使命的历史担当精神。我们不仅要知道什么是我们需要做的，什么是我们已经做错了的，更要知道什么是我们千万不能做的。课堂诗意的回归，能够洋溢着道德与审美的光彩，达到"真水无香"的境界。

我一贯坚持课堂应是草原。曾应华东师范大学的邀请，参加该校某一年师范生提前招生面试工作。每个面试小组有五位考官，四位本校教授，一位中学校长。整整一天时间，每组面试二十位考生，录取率为50%，当场决定结果，公平公正。其实，考生成绩达线进入面试圈后，笔试分数的高低，已不起决定性作用了，完全要看考生在短短二十分钟内的即席发挥与综合表现。

高校录取新生听取中学的意见，师范院校选拔新教师苗子，让中学校长也当考官，表明高校与中学的隔绝在快速打破，高校的招生改革开始向实质性的一步迈进。这无论是对高校自身的教育改革，还是对中学的教学改革都是有所触动的。然而，面试的形式还在其次，面试的题目，更让我开了眼界。我们组一共有十五个题目，都是校方事先定下的，是必试题，每个考生只要回答一题，考生在临考前五分钟抽签确定。回答完必试题后，考官自由提问，往往再向深度和广度两个方面搭起平台，让考生充分表现。事后，我对这十五个题目进行了分析归纳。有九个题目涉及的是当下的影视、体育等文化娱乐现象和活动。比如，有这样一个题目："美国电影《国王的演讲》真实地再现了英国国王乔治六世如何克服口吃，并成为二战时期英国的精神支柱的故事。作为未来的教师，乔治六世的故事对你的启示是什么？"还有这个题目："2012年中超各队动辄以千万欧元的巨资购买球员，被讽为'烧钱傻子'、新的足球'大跃进'，你怎么看待这一现象？"再有这个题目："Lady Gaga 是美国流行音乐界新近出现的一位以装扮怪诞著称的女歌手，深受美国乃至欧美青年的喜爱。在 2011 年格莱美颁奖晚会上，她从一个巨型的鸡蛋壳中破壳而出，身着肉色紧身服演唱其最新歌曲，同样引起一片哗然。请说说你对流行文化的看法。如果你是老师，如何引导中学生正确对待当前的流行文化。"一个考生，如果只关注课本教材，不关心窗外世界，家长、老师也只一味让他死读书，不让他看电视、电影、读闲书，没看过《国王的演讲》，中超队购买了谁也不晓得，连 Lady Gaga 的演出都不知道，那么，他如何能谈看法、见解？如何能充分展示自己的才能、才华？甚或，连站在面试讲台上开口说话的底气都没有了。

当下我们的有些课堂教学精致化的程度，已到了我们自己都不能容忍的地步了。有效了，追求更高效，学生进了课堂，如同坐上了"高铁"，一切都有既定的预设。何时做什么作业，何时做什么综合练习，何时考试，周考、月考、期初考、期中考、期末考等，都经过了程序化的设计。如同苏州到北京的高铁，南京停几分钟、济南停几分钟；又如同流水线，什么地方安装什么配件、什么时候检验检测，无比的程序化、机械化。学生直奔考试、直奔分数、直奔答案、直奔终点。于是，过程被丢失了，那种为获得知识，为追求真理的无限美妙的过程，被剥夺了，这是不道德的。我坚持这样的信念：课堂应是一片茫茫的大草原，我们老师要交给学生一匹骏马，让他们去驰骋，去经历风雨，去经历阳光，哪怕去摔跤，那也是美妙，因为，这个过程就是成长本身。事实说明，华东师大2012年师范生提前招生的面试题，只有在"草原"上闯荡的人，才能交出一份比较圆满的答卷。

有一位曾经的学生，在高二时去了澳大利亚。她叫李心仪，最近，她回学校看望老师。她异常高兴地对我说她考进了澳大利亚的新南威尔士州立大学，并获得总理奖。这位学生是高二时去澳大利亚留学的，去的是我们的友好学校——悉尼郊外的蓝山文法学校。在我们学校的时候，她的学业成绩在年级位于中下游。一个成绩中下的学生，如何能在异国的学校一跃为第一名，成为尖子生？当年，李心仪是一个偏科生，但我们不以学科成绩取人，让她担任文娱委员，给她锻炼的机会和施展的舞台。李心仪在校园网上撰文说："我属于'中差生'，但老师们并没有对我放弃希望，还让我担任文娱委员，这令我非常感动，当时我就意识到我们十中的与众不同。不仅仅是'举贤不单看成绩'，学校还开办了各式各样的社团，尽量发展学生的个人爱好，竭力让学生的本色不至于在繁重的课业中被'变色'。初到澳洲时，很多人会问我适应期有多久，我总是自信地回答'没有适应期'，因为我在十中受到的教育，和在澳洲受到的教育可以说是相融的。"李心仪的成长经历，同样给我启发，假如，李心仪继续在我们十中参加国内的高考，会有这样的学业成就吗？假如，李心仪没有在我们十中打下这个基础，会有这样的学业成就吗？

那年华东师范大学师范生提前招生面试，还有这样两个题目："有一位孩子，学了很久的钢琴，可就是难让妈妈满意。为此，妈妈请了一位知名的钢琴老师到家'就诊'。当这位钢琴老师听完小孩弹钢琴后，认为这就是一位富有钢琴天赋的孩子。实际上，在这位钢琴老师的眼里，每一位想学钢琴的人都是有天赋的人，请你分析这位钢琴老师的教育理念。"还有一个题目："有一位学生平常写作水平比较差，但只要老师没有规定写作的题目，这位学生的文章就非常具有想象力、文笔也不错，而且以前在他写作中体现出来的很多不足也没有了，请你说说这位老师的发现对你的启发。"这两个题目，即使让我们在职老师，乃至在职校长来谈，他们的回答，能让家长、学生和社会满意吗？"在这位钢琴老师的眼里，每一位想学钢琴的人都是有天赋的人""只要老师没有规定写作的题目，这位学生的文章就非常具有想象力、文笔也不错"，这两句话是值得我们反思的，每一个学生都是有天赋和潜力的人，我们要给他们草原、骏马，让他们放开眼界，去经历、去奔腾，自由自在地生活、学习在无限美妙的世界中。

我们引进北京大学郭文革教授领衔的"数字化阅读课程"，开始也不是十分重视，把它当作一件平常的"课改小事"，依托高校，特别是北京大学做课程，无论如何都是做比不做好。但是，两年下来，我们对此事"肃然起敬"，对它的意义越来越有深入的认识。它涉及大学与高中将如何建立新型的"教育关系"，包括大学老师与中学教师的"教育关系"。涉及高中课改的重新认识与重新把握，学生在课改中如何突破原有课堂的定义，我以为它可以产生"核裂变"效应。

"自己是拔不起自己的"，谁见过一个人把自己拔起来的？非要别人把自己拔起来、拉起来或托起来。"萝卜煮萝卜还是萝卜"，同类事物在一起，不会产生根本的变化，萝卜煮萝卜，无论如何精致地烹制，总是萝卜味。"坐在飞机上看天下"，晴朗之时，坐在飞机上，大地一目了然，这座山与那座山，山南山北，每条公路上的车行车驶，清清楚楚，那是在山里行走时，完全不一样的视野与境界。数字化阅读课程实施之后，面对效果与反响，我思考良久，用上述三句话来表达，是最贴切不过的。高中课改做了多年，还是在一定的封闭圈子里"自我突破"。一个人把自己提起来，是不可能的，需要一个比自己高的人，把自己拉起来。审视我们的课程改革，多在自成体系的"高中领域"进行，少了比高中高大的"大学领域"的实质性关注与参与。数字化阅读课程，却是大学关注高中、大学领域主动衔接高中领域、大学老师下伸高中教育的先驱性举措。多年来，高中与大学自成体系，相互封闭，几乎没有任何的课程衔接与沟通。高中不关注大学，大学不关注高中。我一直认为，高中需要大学精神引领。一所有品味、有品质的高中，一定需要大学在"背后"支撑。当年许多著名中学都是著名大学的真正的"附中"，这个传统被忽视，大学与高中体制性隔绝。过去，许多大学名师都在高中兼职，如蔡元培、胡适、朱自清、苏雪林、叶圣陶等，那是实质性地给中学生上课，如今，这一个传统，同样也没有得到很好的继承。"小个子"在被封闭的"小天井"里，看不清外部世界，整天做"校本课程""校本培训""校本教研"，如何才能有一个根本的突破性的变化与变革？

在数字化阅读课程，学生所呈现的状态令我们惊讶，那是平常课堂与课程中所见不到的。北京大学考试院秦春华院长被我们邀请参加活动，他在现场听了该学生的介绍，很高兴，也很激动，说太优秀了。他说，这些孩子如果参加北京自主考试，可能当场就被确立"预录取"了。他一再对我表示，要组织高校的老师，特别是高校的招生办主任来看看，看看现在的高中真正的教育状态，听听高中校长在想什么，他们又在做什么。他甚至真诚地说，你们应该给他们（招办主任们）"培训"。我以为秦院长的话是有丰富的意蕴的。学生在日常的课堂上，不能只满足于在原有的知识体系中遨游，还要提供给他们存在无限可能、不确定的未知世界，让他们去发现——自我发现。而北大的数字化课程正提供了这样的可能，所以受到大家，包括大学、中学的一致认可、认同，我们满腔热忱地为它叫好。这项改革，可能引发我们对高中课程改革的深刻反思，以及对课堂的重新打量，或许会对它重新定义。

（2012 年 7 月 21 日初稿，2016 年 7 月 25 日修改，2017 年 7 月 25 日润色）

还课堂以生命的质感

我们真正缺少的是具有"独立之精神，自由之思想"的人才，陈寅
恪先生的这句话，道出了生命课堂的本质。

我们力求"学"，却忘记了"思"。

我们的教学，更重要的是自觉的探求精神与创造意识的激发。

　　我们在践行"诗性教育"，从不自觉到自觉。什么是"诗性教育"？讲
得抽象一点，就是教育要有生命的质感。那又何谓"生命的质感"？看过米
开朗基罗的大卫雕像，都会为他的肌肉、手、脚、身体、头所呈现出来的
力量与美而感动。大卫的每一个细节都澎湃着"生命的质感"。教育也是如
此，教育的实质是人的教育，是促进人性境界的提升、理想人格的塑造以
及个人与社会价值实现的教育。因此，人们对教育诗性的追求与其说是一
种价值取向，不如说是对人的心灵的尊重与塑造，所谓诗意的栖居，实际
上是人的心灵需求的栖居。

　　在诗性教育背景下探讨课堂的审美价值，是对以往课堂教学标准的发
展与深入，也可以说是对既有课堂教学美学标准的升华，而审美课堂是实
施诗性教育的主要载体。

　　审美课堂的要义是生命。审美课堂的最高境界，是对人格灵魂的创造。
小而言之，是在传达、质疑、反思、探究等教学行为中让学生获得真知灼

见、技能技巧；大而言之，是在以知识技能作为载体的师生互动交流中，完成思维的创造，如学会总结、推演、举一反三，等等；人格灵魂的塑造，如懂得责任、羞耻与感恩等。其实质，是使学生在自然的、美的、自由的、愉悦的教学环境中，得到真正的发展。安奈托尔说过，寻求学识的过程是"一个心灵的探险行为"，是去发现一个又一个新大陆。这个寻求的过程，体力上也许是辛劳的，但精神上应该是快乐的，因为这种积极滋长的个人快乐就是每个人的理想目标。但在追求个人理想目标的过程中，我们要懂得舍弃机械的、单调的、划一被动的灌输方式，投放我们全部心智的力量，让课堂真正回归到教学的本质。

我们这个时代，不乏人云亦云的追随者，我们真正缺少的是具有"独立之精神，自由之思想"的人才，陈寅恪先生的这句话，道出了生命课堂的本质。自然是孩子的天性，自由是孩子的本性，我们的教学往往割舍了生命的终极价值以求学问。我们力求"学"，却忘记了"思"，事实上，富于学问并不意味着就是学成之士，分数和文凭也不意味着教育的真正目标与地位，但遗憾的是，功利的社会价值导向让很多人忘记了教育的初衷，正如黎巴嫩著名诗人纪伯伦所说："我们已经走得太远，以至于忘记了为什么而出发。"杨九俊先生在我校举办的"全国'诗性教育'背景下语文审美课堂研讨会"上提出了这样一个问题："如果取消高考，我们语文该怎么教？"这个问题，让整个会场陷入一片沉思。是啊，如果没有社会功利的价值导向，我们该如何还原课堂以生命的质感呢？我想，我们是应该好好思考一下了。

审美课堂的特征是浸润与体验。多年来，我们追求"文化浸润，情感体验"的教学，走向精神的享受。从这个意义上来讲，近年来我校语文学科开发的校本课程就是一个先行的例子，让单个的信息汇成"浸润场"，使"学校语文""生活语文""社会语文"和"历史语文"融为一体，构建一种切实有效的"大语文观"的语文学习环境，让学生浸润在文化的氛围之中。这个"文化场"可以是物质的，但更重要的是人文的。

　　具体到审美课堂中来，我们的教学应该具备文化的底蕴、探讨的氛围、情感的体验、知识与生活的融通、精神与心灵的醒觉……但更重要的是自觉的探求精神与创造意识的激发，这是"浸润与体验"的审美课堂真正美学意义及教学价值所在。它将课堂强制灌输的流俗摒弃在体系之外，甚至暂时放下了知识可以考验或测量的概念，静下心来，与知识与技能进行一场精神的互通与往来，这样的教与学才是快乐的、积极的和审美的。比如，在一堂诗歌写作课上，我和学生探讨"诗意不仅仅是诗最本质的要素，也是文章的要义"这个概念时，我例举了陆蠡的《海星》一文：

　　　　孩子手中捧着一个贝壳，一心要摘取满贝的星星，
　　　　一半给他亲爱的哥哥，一半给他慈蔼的母亲。
　　　　他看见星星在对面的小丘上，便兴高采烈的跑到小丘的高顶。
　　　　原来星星不在这儿，还要跑路一程。
　　　　于是孩子又跑到另一山巅，星星又好像近在海边。
　　　　孩子爱他的哥哥，爱他的母亲，他一心要摘取满贝的星星，献给他的母亲。
　　　　海边的风有点峭冷。海的外面无路可以追寻。孩子捧着空的贝壳，眼泪点点滴入海中。
　　　　第二天，人们发现了手中捧着贝壳的孩子的冰冷的身体。
　　　　第二夜，人们看见海中无数的星星。

　　文章充满了"把美好的事物打碎了给人看"的悲剧之美。上课前我曾和语文组的老师探讨这则材料，有些认为不用为宜，理由是考虑到学生的情感体验，这个故事太过沉痛。但我考虑再三，最终还是用了。因为，阅读的初感是美妙的，它可以激发学生去深刻地审视自己、反观自己的内心；

这样的情感体验也是最真切的。悲剧最高的美在于我们能从悲剧中体会到积极乐观的情绪，不胜唏嘘或切肤之痛，其本身就是一种可叹可感的美感。而这堂课从"文化浸润，情感体验"的角度出发，其初衷就是对学生知识鉴赏力、探求精神与创作意识的激发。

审美课堂是诗性教育内涵的体现。教育作为一种人与人交往的活动具有像诗一样的美感和享受；所谓教育的诗性，就是把教育目标指向人，追求至真至善至美至爱的境界。审美课堂，除了知识与技能传授技巧上的审美，更是在学生的心灵与精神上下功夫，摆脱喧嚣与浮躁、充满情感、融入理性的思考，获得人生境界的提升。

课堂教学首先是求真的教学，它真而不假，发展学生真实的个性。什么叫好课？我认为，洗净铅华，只要学生真正有所得的课就是好课。好课是不拘泥于形式的，其本色是真，让浮华一一褪尽，让虚荣一一剥蚀，自自然然把收获亮给内心的诉求；本色是一种情怀，一种境界。王国维说："境非独谓景物也。喜怒哀乐，亦人心中之一境界。"而我眼中的境界，是清代大家恽南田对一幅画景的描写："谛视斯境，一草一树，一丘一壑，皆洁庵灵想之所独辟！"艺术启示的最深境界，是借幻境表现最深的真境；而课堂教学则是由幻以真，借助于求知的好奇心，将所得诉诸学生直观的心灵，而其间的"美"是附加的赠品。

教育是审美的教育，既洋溢"大气、质朴"的文化气息，又呈现"朴实、平实"的本真气色，同时营造"和谐、向上"的发展气势。孔子曾把美育作为教育学生的重要内容列入课程表，制定了"六艺"，并把"礼""乐"置于首位，他在《论语》中提出了人格的完善应"兴于诗，立于礼，成于乐"。近代教育家蔡元培先生认为，人的一生从家庭到学校、再到社会，都离不开美育，美育可以使人达到新的境界。这种境界是超越功利、发乎本心的。

什么是教育的超然？我想起了陈省身先生的一句话，他说："数学中没有诺贝尔奖，这也许是件好事。诺贝尔奖太引人注目，会使数学家无法专注于自己的研究。"这句话，也许很好地阐释了"超然"的定义：清风是式，真水无香；落花无言，人淡如菊。求真、求纯、求朴、求本，抛开功利、潜心教学。如何打造诗性教育下的审美课堂，"本真、唯美、超然"是我们的基本准则，我们在语文、数学、物理等学科上已经做了初步的探索，在探索中，我们正在不断提升诗性教育下审美课堂的审美标准。

在当前纷杂的教育环境下，我们正致力于走出一条属于自己的教育之路，让我们的学生都能打上鲜明的"苏州十中"烙印。这种烙印，是诚实、率真、善良、富有同情心与责任感，充满智慧与理性；是自然生态的、个性飞扬的学习工作与生活的人生；是平实的人生，每天都有进步的人生，这样的人生，有着至真、至美、至爱的境界。这也是这个时代对我们提出的教育命题。

（2012 年 4 月）

"瘦、漏、透、皱"的语文课堂

语文审美课堂，除了要能"形""神"兼备与"气""韵"流转之外，还要能洋溢着道德光彩。

近年来，我们一直致力于"审美课堂"的实践，力图从课堂教学审美泛化、审美弱化的误区中回到教学的原点，到优秀的教育的传统文化中去吸取养分。我们学校伫立着花石纲遗物——瑞云峰，是大自然造化的神异之物，聚天地之精气，集天地之美于一身。宋代大书画家米芾曾以"瘦、漏、透、皱"四字，概括太湖石的"形""神"之美，清朝李渔在《闲情偶寄》中称瑞云峰正是集"瘦、漏、透、皱"一身的灵异之石。我们曾举行了一次语文特级老师与徒弟结对开课的同课异构活动，与我结对的我校张扬老师开设了一堂《雷雨》课，事有因缘，倒是可以用"瘦、漏、透、皱"来概括她的探索。

语文审美课堂要能"形""神"兼备。《老子》云："人法地，地法天，天法道，道法自然。"我以为语文教学之道，同样也要道法自然，衍化开来，即"形""神"与"境"的兼美。"形""神"兼备，多用于对创作的要求，同样也可以作为对教学的追求，即教学审美的神韵必须通过教学形象来表现。

借石之"瘦"，运用于语文课堂：追求明晰精干之美。李渔在《闲情

083

偶寄》中说："壁立当空，孤峭无倚，所谓瘦也。"所谓"瘦"，就是有
"明晰精干"之美。在课堂教学中体现为：条理分明，思路清晰，简洁、精
当，不臃肿、不花哨，不做作，有自己的教学独特之处，是有风骨的课堂，
这是我们所追求的课堂教学审美要素之一。曹禺的《雷雨》蕴含丰富、博
大精深，课文的节选部分，展现了鲁侍萍与周朴园从相认到交锋的这一场
景。打一比方，《雷雨》好比是一片森林，而节选的这部分课文就是一棵高
大丰茂的树，在一节课的时间内如何组织学生研读课文，如何不被局部的
枝叶障目？如何能既见树，又见森林？张扬老师采用"抓住台词读剧本"
的方法，让学生从品味语言入手，来了解戏剧冲突。这是一种既删繁就简，
又纲举目张的教学策略。剧本是一种由"台词"和"舞台说明"组成的特
殊文学形式，在这两者结合推进演绎的过程中产生"戏剧冲突"。若在一节
课中三要素并排展开，难免会显得庞杂。所以在这堂课上，张扬老师紧扣
住戏剧"三要素"中的"台词"设计问题，以台词串联起其他两个要素，
以点连线，以此突出重点。在梳理主要情节，整体把握课文的时候，一般
是从周朴园几次置疑鲁侍萍的身份入手的，将长长的台词从头到尾梳理一
遍。在这次备课中张扬老师却从鲁侍萍入手，设计了两个问题：谁是主要
的提问者？谁最终引导了谈话？以此来引导学生研读课文，梳理情节。学
生通过思考、讨论、交流，迅速地把握了整体，条清缕析，这样的教学安
排可谓有"瘦"之意味。

借石之"漏"，运用于语文课堂：追求留白绵延之美。所谓"漏"，即
李渔所说："石上有眼，四面玲珑，所谓漏也。"就是要有"留白绵延"的
美感。我们追求的课堂，是通灵的，不呆板，不机械，不僵化，不程式。
有思考、想象、联想的空间。张扬老师的这节课，设计了四个"细部品读"
的环节。第一处"细部品读"：鲁侍萍问的第一个问题"老爷没有事了?"
教师提出了这样的问题：这句话有没有什么弦外之音？然后，教师接着问
道：鲁侍萍为什么改变了想法，没有立即离开，反而希望与之攀谈？紧接

着，让学生再品读周朴园与鲁侍萍的两句对话"嗯，无锡是个好地方""哦，好地方"，张扬老师请同学推测一下在说"好地方"时，周和鲁都用了怎样的语调？当时他们心里都在想什么？这一处"细部品读"，即我们所说的"漏"，是这节课的一处课眼。从这里进入，学生思考的空间很大。这样的课堂，不是满堂灌、不是填鸭式、不是一言堂，是民主的、学生自觉的、自主的课堂。张扬在课堂上，面对"连绵"的台词，抓住几句细部品读的台词，让其他都"漏"掉，其实是漏而不漏。让重点在通而不塞、气韵流动中凸显出来，即努力追求"有常而无常，有形而无形"的课堂教学境界。

借石之"透"，运用于语文课堂：追求深刻澄明之美。所谓"透"，就是透彻，有"深刻澄明"之美，李渔说："此通于彼，彼通于此，若有道路可行。所谓透也。"这段话用在教学中，对其内涵，我们有一个新的界定。"此"可以看作是某个"知识点"，"彼"可以看作某个"情感的升华之处"。课堂教学过程，也是师生情感体验的过程。因此在教学中，教师对学生不仅仅是知识层面的传授，更是在情感层面的引导，也就是说课堂的指向，是直抵人心的。张扬老师在这堂课中，第二次让同学"品读台词"："三十年前，在无锡有一件很出名的事情——""你姓什么？"……教师问道："周朴园连说了四个'哦'，都应该用怎样的语气？"对于一篇课文而言，仅仅从知识层面推进，是不能把握其要义的，张扬老师让学生反复吟读、反复体味鲁侍萍越来越急促的问话，让学生获得充分的情感体验。通过"此通于彼，彼通于此"的教学过程，使同学在情感体验中，获得结论性知识：即通过让同学品读台词，对人物深入地理解。

借石之"皴"，运用于语文课堂：追求曲折生动之美。所谓"皴"，即计成在《园冶》中所说："纹理纵横，笼络起隐。"有"曲折生动"之美，是愉悦的，审美的。我们追求的语文审美课堂，是讲究疏密、浓淡、节奏，既富于变化，如峰回路转，曲径通幽又是浑然天成合乎自然之道的，柳暗、花明，无论道路多么迂回，总是婉转相通的；而幽暗、深邃，更能激起人们无限的想象和探幽览胜的逸趣。张扬老师的这节课，虽没有达到这个境界，但是还是在朝这个方向努力。整体节奏把握不错，但是在具体安排中尚有可改进的地方，比如在安排读书的环节中，缺少适时的点拨，教师也少有示范，少了一些整体气氛的引导，使得课堂缺少了一些高潮的出现。另外，就整个单元学习来讲，还缺乏一些整体节奏的把握，整篇课文是讲完了，但是如何让整个板块，整个模块调整到协调统一的步骤上来，还是一个需要进一步思考的问题。

"瘦、漏、透、皱"如果是课堂教学的"形"，那么"神"就是以崇高的思想启迪、深沉的情感熏陶和丰富的知识涵养而作用于教学主体的心灵，它是潜在的、内蕴的，是教学审美、深厚文化底蕴的表达。师生主观的情感在教学过程中是起催生作用的。"形"是离不开"神"的，"未有形不似而反得其神者"，教学过程中，唯有"形"与"神"有机统一，才能形成"境"。而教育的"境"，正是我们所致力追求的教育精神和气韵。

语文审美课堂要能"气""韵"流转。当我们借外来"有效课堂"理念浩浩荡荡推进新课程的时候，不妨静下心来，回到我们自己的优秀传统文化中，自己的审美理想中，思考课堂教学的一些现实问题。我为何以太湖原石的"瘦、漏、透、皱"为喻？正是基于此。古人说：天地至精之气，结而为石。天地精气即为自然之力、时间之力。它是自然的杰作，天地的精灵，连接历史和现代的无声却最具说服力的印迹。

因为原石是一个整体，讲求整体与局部之间的完美。这一理念运用于课堂教学，有利于培养师生整体性思维，而克服点型思维的表像性；有助于发展整体式综合思维；克服点状式分析思维和二元对立思维方式的片面性。如《雷雨》的教学，我们应在更广阔的背景之下谈人性。我们不能忽略的是该剧本有一个序幕和一个尾声，交代那时的周公馆已经卖给了教会，成了教堂附属的医院，而在楼上楼下分别住着两个患疯病的女人，一个就是繁漪，另一个是鲁侍萍，而这十年来照顾她们的正是这场悲剧的制造者、如今已皈依基督的周朴园……而在节选的课文片段里，我们看到的是一个圆滑、自私、冷酷的资本家形象。如果学生读过这两个章节，再结合片段中的认识，就可以真切地感受到周朴园这个人物是极为复杂的，在他身上多情与绝情、温情与冷酷、人情味与铜臭味，时时交织在一起，但可贵的是，还有人性的复苏。再如，这篇《雷雨》的教学，就要有单元的整体意识。《雷雨》是必修四"一滴眼泪中的人性世界"中得一篇，为何放在这里？与其他两篇课文《一滴眼泪换一滴水》《辛德勒名单》是什么关系？我们要充分借助单元前的导语，那是引进单元的一块指路牌。"无数的文艺作品用丰富的形象表达了人们对人性的理解、展现人性的复苏与美丽。"无论《雷雨》也好，《一滴眼泪换一滴水》《辛德勒名单》也好，都在用形象表达了人们对人性的理解、展现人性的复苏与美丽。讲整体，而非仅仅是各个部分的思维方式，把某一部分始终置于整体的背景框架中思考，用整体来说明局部，"仿佛你必须道尽万事万物，才可说出其一；仿佛你必须对整个体系作出概要的说明，始可以阐明一个新的思想"，它强调整体内不同要素的综合融通，而非不同要素的累积叠加，这正是课堂教学的气场所在。

　　同时，每一块原石又都是独特的"这一个"。原石的特性就如人的品性，多元而本色，而教育对人，是雕琢并还原。这里所谓"雕琢"绝非拷贝与统一，而是还原其特点及个性本真的美感。每一位学生的课堂体验是不同的，就好比唐朝宰相牛僧孺谈石："如逢三益友，如对十年兄。"到过江南的白居易自认得石之妙，提出了"苟适吾意，其用则多"的适意原则；宋徽宗封太湖石为"盘固侯"。帝王们从中看到的是"百仞一拳，千里一瞬"的天下；迁客骚人看到的是"窍如比干之心"的灵致；隐逸之士看到的则是"难作高堂之础、高陵之碑"的陋拙。不同的人都可以从中找到自己的适意寄托，而乐在其中。因此，课堂教学的多元与本色，应该是自然天成与返璞归真，顺应并升格学生的情感体验与审美认知。如张扬老师在处理周、鲁相认片段时，抓住了"支票"这一细节，从开支票的行为解读周朴园的内心世界，从撕支票的举动解读鲁侍萍的情感体会。老师让同学演绎撕支票的举动，让他们体会"慢慢撕"背后那种哀莫大于心死的伤痛，就能对鲁侍萍的遭遇和坚韧有更深刻的认识。这种反复品读与体验正是基于原石独特的"这一个"所在，即通过引导和浸润，让学生获得升格的情感体验与审美认知。也是语文课堂教学的"本色""本真"所在。审美课堂的原石"个性"，就是自然天性的还原，即本真。《庄子》一书中多次强调的"真""天真""纯""朴""本"等，都是指自然人性。我们提出构建审美课堂，正是基于"法天贵真"的审美思想。放眼千帆过尽，收心万水皆平，流转着原石气韵的审美课堂，就是让浮华褪尽，让虚荣剥蚀，自自然然把知识、情感亮给学生。

语文审美课堂，除了要能"形""神"兼备与"气""韵"流转之外，还要能洋溢着道德光彩。课堂除了是审美的，是直抵达人心的，是有思维品质的，是本真的又充满理想的；是愉悦的又是深刻的，更重要的是道德的。什么是道德的？道德的即与审美是相通的，对现代教育而言，道德要求这种审美转化为责任。远古记载："舜耕地，牛不走道，舜鞭己不责牛。"舜的"鞭己不责牛"也许不能为现代教育所认同。不过，我们倒是可以从中受到启发，语文课堂还需要一种文化使命的历史担当精神，这是我们在"瘦、漏、透、皱"形神兼备的课堂审美追求更高的道德追求。

我们正在践行诗性教育的语文审美课堂，目前做得还很不够，但大家都在努力。张扬老师的课堂只是一个例子，是有诸多需要改进的不成熟的课堂例子，我们依然在"构建审美课堂"的教学理想中摸索。我们有一个愿望：建立自己的课堂美学，并到优秀的教育传统文化中去吸纳，从而构建我们的"课堂美学原则"。

每个老师心里都有一个好课标准

学生有所得的课就是好课。

关于好课，已经讨论了许多年。每一次教育改革风潮中，"好课"总会是风潮中的风头。什么是好课，好课有哪些特征，有哪些要素，专家学者论述无数。能制定好课标准的都是专家中的专家，这些专家制定出来的标准，或者他们倡导的标准，直接影响着整个基础教育的课堂，实际左右着基层教师的课堂行为与课堂形式。

关于课堂，关于好课的标准，谈论又热了起来，似乎有了不同的声音。有的专家说，好课就是平实的、朴实的、扎实的、充实的课。有的专家说，好课就是有思维品质的、有情感温度的、有价值体验的课。有的专家说，好课体现着一种理想，好课是品质是境界。有的专家从宏观上界定，有的专家在微观上锁定。有的说得抽象，有的说得具体。无疑，这对拓宽教师的视野是有更大帮助的。不过在纷杂的声音之中，也会让一些教师摸不着头脑、理不清头绪。比如，讲到好课的思维品质，我就看到过一份细化量表，排列着"思维的长度、思维的宽度、思维的深度"这三项内容。我寻思再三，还是没有搞清楚它们之间的区别与特点，更不用说如何在课堂上去分别体现了。

专家往往凭着自己的好恶，偏执一端。倾向于"平实"的专家，能说出为什么"平实"是好课的最重要的标准，能使人信服。不过，我们静心想想，那些才华横溢的老师，呈现的瑰丽、春花烂漫的课，就不是好课了？倾向于课堂思维长度、宽度、深度的专家，崇尚理性，这不错，不过在这样的标准下，如何去评判擅长感性发挥的课堂呢？诗性中的混沌、朦胧、不确定性，课堂上还需要不需要了？

我曾说过极端的话，我说有些专家是挖陷阱的人，他们的好课标准就是一个个陷阱，他们的鼓励往往引导着教师们往陷阱里跳。大家还记得吗？曾一度强调学生的主体性，就以学生发言的人数、时间长短来衡量，发言的人要超过全班人数的60%以上，同学发言的累计时间不能低于一堂课总时间的60%。一票否决，一项达不到标准，其他再好，都不能评定为好课。在强调多媒体的时候，一定要有课件。现在又矫枉过正，凡有课件的课，一概都不能算作好课。学校的课堂被各层各级的专家所左右、专家理念是什么样的，就需要老师的课堂呈现什么样。如此状态真是利弊参半。

什么是好课？我们老师自己要有内心的坚守。返璞归真，回到教育的原点，回到我们自己的优秀传统。我的理解很朴实，学生有所得的课就是好课。哪怕教师满堂灌，哪怕学生没动手没动口，但是这堂课上，其中只要老师有一个眼神、有一句话，被学生记住了，并一辈子受益，就是好课。每一个老师都有自己的特点，个性的、学识的、情怀的，等等。青年教师首先要上轨道、上规范，然后，则必须走出轨道、走出规范，形成自己独到的、独特的课堂个性。我做过比较长时间的课堂观察，许多老师的评优课与日常的课堂脱节，评优课按照评课标准探讨研究并实施，日常的课按照异化了的"有效课堂"要求在进行。无怪乎有的老师与专家都会哀叹，公开课、研究课、评优课与整体的课堂教学质量没有多大关系。

我们提倡每个老师的心里都要有一个好课的标准。这种标准是共性与个性的统一，是清晰的，也是朦胧的。所谓共性，体现国家的要求、体现学校的文化；所谓个性，体现学科的特点、个体的特点和特长。每一节课都要找到最佳的呈现方式，教学内容不同，教学对象不同，千变万化，千姿百态。每一节课都有重点、难点，要以专家的标准，面面俱到地去要求它、衡量它，是做不到的。课堂也必须有所为有所不为。

每一个老师的内心都有一个好课的标准，其实，是对老师提出了更高的要求。教师的素质素养，教师的学识涵养，教师的气质气息，都在自觉与不自觉地、有形与无形地影响和制约着课堂状态与质量。教师要上出好课，功夫在诗外，仅仅记住抽象的或具体的好课标准，是上不出真正的好课的。心中时刻想着上好课，好课往往也是上不出来的。境界就在不经意间，就在自然的一举手、一投足间。一个有情怀的老师、有原创品性的老师、有担当的老师，坚守与创新并重，自然会创造天人合一的课堂。

2017年春季，我在初一开设了"拍一张好照片、写一首好诗"的课程。有时候，我们走出课堂，与孩子"雅集"，给瑞云峰摄影、写诗。我们校园宋朝遗留下来的花石纲瑞云峰，是千年名石，历史上无数人歌咏它，写它、说它。近代著名画家吴湖帆先生曾画瑞云峰，许多名人替咏，成为一段佳话。我与学生们为它留影、拍照，然后，我们大家一起为它写诗。校园雅集，何尝不雅？

——瑞云峰面北坐南，最美丽的一面，永远见不到阳光，为何？乾隆皇帝的"正寝宫"坐北朝南，它只能如此了。所以，瑞云峰的照片，永远拍不出一张令人满意的正面像。教学生摄影，光的运用，其实，本意不仅仅是拍照的用光。

——这张是傍晚的瑞云峰，夕阳照在它的侧面，有了生机的画面。如何使用朝阳、夕阳？教学生拍照，也是教学生如何面对世界、面对人生。

——傍晚的结香花，瑞云峰的"邻居"，美妙的地方。

——傍晚的长达楼，过去的"正寝宫"，正对瑞云峰，相看两不厌，已经近 300 年。

我举自己摄影用光的例子，傍晚、清晨，是拍照的"魔鬼"时辰。那天，现场上课的情形，学生正在给瑞云峰摄影。我给这个场面题诗，老师先做个样子，先写一首《瑞云峰》：

《瑞云峰》

柳袁照

寻找一个角度
寻找一个秘密
你的容颜
是我久久想说
又不想说的隐秘

如何端详你
如何从心底
走进阳光里
我只能寻找一个角落
虔诚，放低身子
不被注意
静静自我沉醉

我无论如何没有想到，初一的学生为瑞云峰写诗，写到如此美妙的程度。他们对瑞云峰的理解，即是对历史的理解、对文化的理解、对世界的理解、对人生的理解，何其好啊。我举几首，与大家分享。单一幅照片，可能很平淡，一旦配了一首诗，一切都不一样。没有阳光的照耀，但只要我们心中有诗意，瑞云峰也一定会有不一般的诗意。

《等待美丽》

虞涵晴

在哪个时间
在哪个地点
在哪个角度
才能捕捉到你最美的身影

春风在吹拂
夕阳在沉落
我还在等待
微波粼粼中显出你美丽的身影

在这个时间
在这个地点
在这个角度
我飞快地留下你迷人的身影

《十中的模样——瑞云峰》

蒋希越

往日
无数次地走过
不曾驻足
你的美似习以为常。
今日
止步于前
心有所悟　心潮澎湃。
褶皱相叠又玲珑剔透的你啊
是经历了多少沧桑与荣耀
是见证了多少栋梁与天骄。
而你
永远静立在池水之上微笑。
你就是那座峰
那个十中的模样。

《永恒与转瞬》

吴桐宇

那是一块矗立在时间洪流中的石头
见过喧嚣无比歌舞升平的盛世
见过清冷凄苦繁华过后的寂寥
见过一届届的学子来了又去了
见过一代代的校长来了又走了

一百年

对它不过只是弹指间

这是一片睡在那块石头面前的树叶

见过暖意融融微风细雨的春季

见过满池菡萏蝉鸣阵阵的夏季

见过凉风习习红枫零落的秋季

见过寂寞萧瑟小雪飘飘的冬季

四季轮回

对它宛似百年已逝去

一个将要化为尘土孕育春花

一个依然站立不动送走秋月

试问永恒和瞬息

真如世人所说

那朝生暮死的蜉蝣

应仰慕憧憬亘古不变的岩石?

或许经久不衰的那个

才会羡慕转瞬的生命

因为它无法了解到

何为完整的生命

《沧桑》

董梦璇

你就这样

静静伫立在这儿

你就这样

一声也不响

可谁知

你已经历百年沧桑

你曾深得徽宗喜爱

被运往京城

却在途中

坠入太湖

尝试过多次

也未曾将你找到

就这样

你消失在了人们眼前

数年后

人们终于将你找到

可这时

你却又坠入太湖

我思索

太湖到底有何魅力

竟使你两次坠入

终于

我寻觅到了

原来它是为你打磨的人

现在的你

已是美得无与伦比

我止步于你身前

仿佛此刻在我面前的

不是石头

而是一个经历沧桑的老人

她正在用它的容貌

向我们诉说着

当年的故事

《瑞云峰》

蒋昊甫

总想拍好你

却发现岁月的磨痕

总想拍好你

却发现你的沧桑

时间依旧在运作

岁月依旧不停歇

蛟龙依旧不改变

瑞云峰，你依旧在这里

风，在你身上擦过

青苔在你身上蔓延

你的岁月
依旧在这里停歇

《瑞云峰》
冯思博

你
是印记，
是珍奇，
是记忆。

在晨曦中，
在星光下。
静静地伫立千年，
见证着文脉的流淌。

你体味了两宋的词律，
你浸润了康乾的文韵，
你陪伴了梦阮的笔耕，
你目睹了新学的长成。

从长达到季康，
从伟绩碑到樟桂园，
经历了隐世和复出，
你默默回首艮岳的过往。

瑞云峰啊!

你是千年的智者,

你是虚怀的大家,

你是一代代振华人的精神力量。

学生的诗作多好啊,我为之感动。一节课,被延伸了,充满了浪漫、激情,孩子的思维、情感被激活了。我把他们的诗作,放在我的微信公众号里,获得一致的喝彩。

作为校长,要求老师做到的,首先自己要努力做到。什么是好课?校长也不能迷信权威、迷信专家,要实事求是,针对不同的教学内容、不同的学生状况,采取相应的教学途径、方式、方法。这节打破常规的课堂形式的"拍照、写诗课",在历史文化的"现场",让学生去体验、去感受、去表达,老师的作用,只是"做个样子",其余,由学生去实现"这堂课的学习目标"。我以为,这节课就是我自己心中有了属于自己的"好课标准",实施的一节课,既是一节探索课,更是一节日常的课。

(2014 年 9 月 23 日初稿,2017 年 7 月 25 日修改)

我教学生写诗

让学生有实在的写作体验——活生生的来自情感深处的体验，我们
需要更多能让师生焕发诗意和生命光彩的课堂。

　　这个时代不是抒发情感写诗的年代，这不能不说是我们五千年中华诗
国的遗憾。本是最淳朴、最本真的校园，功利之气也像空气一样弥散在我
们日常教育的生活中。一个高考排斥写诗的环境，如何又能轻松、自由、
美妙地让学生在校园里、在课堂上写诗畅述自己的情怀呢？但写诗、开诗
会在我们校园是一个常态，每年春季、秋季两次诗会，每年为学生出四本
诗集。"全国中学生诗会"从我们校园起步，全国权威诗刊《星星诗刊》专
门开辟栏目"中学生营地"，由我做主持。我们学校又被江苏省教育厅批准
为"全省诗歌教育学科基地"，语文课堂上读诗、写诗，已经成为我们学校
国家课程、地方课程校本化个性实施的一个亮点。作为语文背景的校长，
我与学校的语文老师一起，正做出有益的探索。

　　今天的许多语文老师，从某种程度上已经成为语文车间流水线上的一
个操作工了，每天按照规定的程序、规定的要求，重复地做着同样的事情，
更多的是做着技术的活，而不是做着技术层面之上的创造性的工作。自己
不会写诗文，但每天都在指导学生写作文，注重方法，忽视情感，热衷构
建模式，而排斥特立独行的表达。因此，我把语文老师与学生一同写作看

得很重，要让学生有所体验，必须自己也有所体验。对老师写文，一般还能明确提出要求，写诗则有相当的难度，尽管如此，我还是鼓励大家亲身"下水"去试一试。学校开始只有一两个语文老师写诗，到现在已有十多个在写诗，也常能在公开的媒体上读到他们的诗。每一个人都有诗人的潜质，只要我们好好地挖掘，都能发掘出诗的宝藏。只有让老师的诗性焕发了，才能更有学生诗性的焕发。

　　这是最近的一个秋天，不久学校又要举行诗会了，语文组邀请我结合诗歌教学，给学生作一次写诗的指导。那是一堂"新诗欣赏与写作"课，课文是舒婷的《祖国呵，我亲爱的祖国》、莱蒙托夫的《祖国》、梁小斌的《雪白的墙》三首诗，如何从阅读到写作呢？课文中三首诗是经典，是好诗。但好诗的标准是什么？这真是一个没有标准的标准，真是一个仁者见仁、智者见智的问题。尽管如是，我还是要有自己的倾向性，引导学生建立自己认同的好诗标准。我引入女诗人白玛的诗《好诗的标准》，白玛是这样表达的：

　　　　像三月的灌溉渠一样流畅
　　　　任意一缕风都可以朗诵它
　　　　用乡亲们都听得懂的土话嘲笑它
　　　　我的不识字的老祖母也愿意听闲人念一遍它
　　　　趁田里忙于耕种的水牛歇脚的功夫
　　　　读一遍给水牛听，它不会厌烦得扭过头去
　　　　光棍多年的墩子叔娶了媳妇，他喜不自禁，站在高高的条凳上
　　　　大声说：俺要给老少爷们背一首诗——
　　　　——你想想，假如我是那个由村庄拉扯大的没出息的诗人
　　　　我怎能忍住一次次幸福的泪水？

　　这是一个诗性、诗意的表达，用形象的事物阐述了什么是好诗。什么是好诗？是那些意象浅显而不浅薄，言辞委婉而不晦涩，意境优美而不空泛的诗，那些看似简单明了，但给人美感、启迪的诗篇是好诗。好诗往往都是以清新的语言，为读者描摹出一幅自然优美的画面，或以生活历练出的思想给人以深刻的启迪。教学至此，我以我自己的《风景》《我和我的祖国》《这棵树是你的》三首习作为例作解析：

《风景》

过去的我是一只不知疲倦的鸟

一朝醒来我突然变成了一棵树

一棵再也不走

再也不盼顾

再也不漂泊

再也不浪漫的树

从鸟变成树

是一种痛苦

一种失落

一种悔悟

是与天地的默契

也许我会天长地久站成一块化石

也许我会站成一道风景

《我和我的祖国》

如果玫瑰化为美丽的忧伤

如果羞怯化作焕发的容光

如果小草上落下露珠

如果河里的芦苇不会枯萎

那么，就敞开我的胸膛
让波浪涌进来，像翻滚的瀑布一样
我将紧闭我粗哑的嘴巴
赤裸地在路上拾起那块粗糙的石头
像捡起你拂晓前赤裸的歌

穿过空气与空气组成的空间
吻着我，像一朵盛开的火焰
像母亲，把孩子的哀伤舔净
再把自己的哀伤包裹起来，自己带走

我和我的祖国
是与生俱来的依托

如果你不在乎我远眺山谷
如果雾气像你的眼神一样微微颤抖
那么，我希望像你怀中的孩子一样熟睡
我脚步神秘，我小心翼翼
像今夜月色朦胧下流淌的溪水
一切都在今夜离去
啊，我将失去我的视线，失去我的表情，
此刻，满目泪水
我将慢慢地消失在
今夜最忠实的记忆

我和我的祖国
是生死相许的依托

如果潮涨潮落之后
如果七彩的阳光化作波涛在我心中翻卷
如果一浪高过一浪
如果涛声像一道道闪电
那么，我会斩钉截铁地对你说
让岩上落下所有的震撼
让岩上翻卷所有飞翔的羽翼
让岩上滚动所有黑色与黑色包裹的激流

我和我的祖国
千年万年不朽的依托

《这棵树是你的》

走吧，走吧
天下起了大雨
风也这么大
萧瑟的秋
严厉的冬
都会次第到来

走吧，走吧
勇敢地向南飞去
不要一飞一回头

这棵树是你的
满树绿色的时候
是你的
满树的叶子
落下了
光秃秃站着
还是会有许多思念
它还会是你的
走吧，走吧
那个你南去的地方
会有许多美丽的树林
还有清澈的河流

走吧，走吧
不要迟疑
勇敢地向南飞去
这棵树留在这里
还是你的
虽然一天天老去
风里雨里
它还会思念
还会期盼春天
它还是你的
即使死去
站在那里
还是你的

　　我启发学生从意象的角度对《风景》《我和我的祖国》《这棵树是你的》三首诗进行比较。《风景》写于十年前，是我从机关调到学校的那个转折点上写的；《这棵树是你的》是十年之后写的，看到一届届心爱的学生离开了，表达的是那一瞬间的感情；《我和我的祖国》是一次国庆，应媒体之邀而即兴创作的。从意象的角度分析，我自己以为这三首诗，《风景》的意象是单一的、简单的，即鸟和树，而树又是主要的，鸟是陪衬。《这棵树是你的》同样写树，意象虽也简单，不过树这一意象的内涵，要比《风景》里的树，丰富得多。而《我和我的祖国》中的意象众多，有时我以为是"缤纷"，有时又以为是"杂乱"，说得好听一点，这首诗的意象一个接一个，像"焰火"，缤纷地呈现又消失，消失又呈现，这种丰富，与《这棵树是你的》中意象的丰富，是有区别的。《这棵树是你的》中的"这棵树"是抒情主人公的化身，深沉中有忧伤，似乎是洒脱，其实是不舍，简单中的丰富，真挚中的清晰。我让同学们讨论，按照白玛的标准，选出一首好诗，自己比较喜欢的一首，大家几乎异口同声地说是：《这棵树是你的》。至此，再回过头来学习课本中的《祖国呵，我亲爱的祖国》《祖国》《雪白的墙》三首诗，就如阳光下欣赏风景，亲切而美妙。

　　这节课其实通过我自己的三首习作、通过课本的三首杰作，解决了诗歌中的"意象"和"情感"问题，且又要让学生真正地体验到，所谓"情感"又是通过"意象"来表现的。课后，同学们写诗，老师又安排了讲评环节。这次由金老师开课，他抓住诗的"意象"作重点讲析。我坐在后面听课，我们学校语文课堂听课已经突破了原有的形式，听课老师已经不是单纯的旁观者，他们也必须是这堂课的积极参与者，或是老师的角色，或是学生的角色，参与互动。那节课上金老师拿出高一（7）班江泠沄同学的《如血》作例子：

《如血》

在十月微凉的秋天里

在蜜色黄昏的余晖里

我不经意地回眸

一抹残阳倏地落进我的视野里

就在我的双眼看得到的地方

就在我的手触碰得到的地方

颤抖着 用心细细描绘火烧云的色彩

如血一般凄美的色彩

无比温柔 却又转瞬即逝的落日痕迹

逐渐化作眼角透明滚烫的泪

从我脸上悄无声息地滑落

只一滴

淹没了那血染的夕阳

　　课堂上，师生讨论、评价。这首诗写了夕阳，主要的意象就是夕阳。这首诗想表达什么呢？是单纯地表达夕阳吗？是一首单纯的写景诗，还是或许蕴含着什么？金老师继续讲析着，同学们也继续讨论着，离下课还有两分钟了，我不能不发表意见了，我举手请求发言。我说，这是一首比较好的习作，但是，我们可以让它更好，只要改动两个字，即把标题的"如血"两个字，改成"父亲"，我们再读读，看看整首诗是不是不一样了？请看：

《父亲》

在十月微凉的秋天里

107

在蜜色黄昏的余晖里

我不经意地回眸

一抹残阳倏地落进我的视野里

就在我的双眼看得到的地方

就在我的手触碰得到的地方

颤抖着　用心细细描绘火烧云的色彩

如血一般凄美的色彩

无比温柔　却又转瞬即逝的落日痕迹

逐渐化作眼角透明滚烫的泪

从我脸上悄无声息地滑落

只一滴

淹没了那血染的夕阳

　　仅仅改动一个标题，原诗的意境就完全不一样了，原来写夕阳如血，是一首单纯的写景诗，而把"如血"改成"父亲"，读者都会感到似乎是处处写夕阳，其实是处处写父亲。作者把自己对渐渐老去的父亲的情感寄寓在夕阳中，寄寓在夕阳笼罩的夕景之中，这首诗的寓意和情感就丰富得多了，意象的选择、使用就显得尤为成功。我相信这个两个字的改动，包括作者在内的许多同学都不会轻易忘记了。如此这般的课堂，才不是一般如流水线一般的课堂，学生有实在的写作体验——活生生的来自情感深处的体验，我们需要更多的能让师生焕发诗意和生命光彩的课堂。

（2012 年 12 月 30 日）

是教学也是创作

教师的创作过程转化为学生能获得生动体验的过程，读和写真正结合了。

现在，语文老师与作家，几乎是不相关的两个独立的职业。传统却不是这样，在民国时期，在中小学中，既是语文老师，又是诗人、作家的，大有人在，比如叶圣陶、朱自清、夏丏尊等。而如今，一个语文老师，教书之外，又从事写作，往往还会被冠上不务正业的帽子。我认为，这也是当下中小学写作教学出现问题的原因之一，老师自己不写文章，不会写文章，与写作隔开一层，又如何能指导学生写出情文并茂的佳作呢？这几年，我和我们学校的语文老师，回归优秀的传统，与学生一起写作，一起发表作品，或诗或文，既是创作，又是教学，有所收获。

我曾写作一首诗，题目叫《秋天》，写作的过程，就是备课、上课的教学过程。那是几个月前，我教一组"旧日时光"中外自由诗。如何教？以什么为线索？那天我一直在思索，中午休息时，我翻阅名家名篇，我读金克木的作品，突然，他文中的"诗中有文意就不要写诗，文中没有诗意连文都可以不写"这句话，让我顿悟。什么是"诗意"？人人天天都会挂在嘴上的这个词，并不是大家都会清晰地解释的。我这组诗，就用"诗意"为纲，穿起整个课堂。那到底什么是"诗意"呢？尽管，我准备在课堂上引用邓

丽君的歌曲《诗意》，为形象地解说，但对同学们来说，还是抽象的，不是
能容易理解的。在我苦苦继续思索时，我继续翻阅名家名篇。一篇曾经读
过的张爱玲的经典散文《爱》，跳入我的眼帘。张爱玲的《爱》，不长，不
妨抄于下：

    这是真的。

    有个村庄的小康之家的女孩子，生得美，有许多人来做媒，但都
没有说成。那年她不过十五六岁吧，是春天的晚上，她立在后门口，
手扶着桃树。她记得她穿的是一件月白的衫子。对门住的年轻人，同
她见过面，可是从来没有打过招呼的，他走了过来。离得不远，站定
了，轻轻的说了一声："噢，你也在这里吗？"她没有说什么，他也没
有再说什么，站了一会，各自走开了。

    就这样就完了。

    后来这女人被亲眷拐了，卖到他乡外县去作妾，又几次三番地被
转卖，经过无数的惊险的风波，老了的时候她还记得从前那一回事，
常常说起，在那春天的晚上，在后门口的桃树下，那年青人。

    于千万人之中遇见你所要遇见的人，于千万年之中，时间的无涯
的荒野里，没有早一步，也没有晚一步，刚巧赶上了，那也没有别的
话可说，惟有轻轻地问一声："噢，你也在这里吗？"

        （原刊 1944 年 4 月《杂志》月刊第 13 卷第 1 期）

什么是"诗意"？这就是诗意。我迅速把张爱玲《爱》的最后一段，一
字不动，一字不改，只是用回车键分行，即变成如下的形式：

    于千万人之中

    遇见你

所要遇见的人
于千万年之中
时间的
无涯的
荒野里
没有早一步
也没有晚一步
刚巧赶上了
那也没有别的话可说
惟有轻轻地问一声
噢，你也在这里吗

　　当我在课堂上如此展示的时候，我问同学：这是不是诗？大家几乎异口同声地说：是诗，是真正的诗。至此，什么叫"诗意"？不言已自喻了。所谓诗意，不在乎分行与不分行的形式，而在于内在的蕴含。张爱玲的《爱》，及我如此的备课过程，又触动我的诗情，我的灵感似乎不唤自来了。我作了一首与张爱玲《爱》的同题诗，抄录于下：

于千千万万年之中
于千山万水之间
于数也数不清的故事里
偶然
就是这个瞬间
榴红荷残
天高云淡
你从南方来

111

我从北方来

我走到这个园子里

你也走到这个园子里

我坐在水边

你也坐在水边

一只燕子正飞过

一朵花正开在花枝

一阵轻风正吹来

就在我有些清冷

你也有些寂寞

这一刻

这一地

于万万千千人之外

岁月之外

我的眼睛

与你的视线

就这样

——相遇

尽管，这首诗，还留有张爱玲《爱》的痕迹，但已经具备"作品"的特征了，可毕竟还不属于真正创作的"作品"。于是，我再继续修改，还改了题目为《秋天》，并分段，显示"断裂"的外在特征，现也抄录于下：

于千千万万年之中

于千山万水之间

于数也数不清的故事里

偶然

一次相见

你从南方来

我从北方来

就是这个瞬间

我走到这个园子里

榴红荷残

你坐在水边

一只燕子正飞过

一朵花正开在花枝

一阵轻风正吹来

我有些寂寞

这一刻

于万万千千人之外

岁月之外

我的眼睛与你的视线

就这样

——相遇

　　这首诗，从某种程度上说，已经属于一首原创之作了。创作的过程，竟是我备课与教学的过程，两者合二为一。至此，教学"旧日时光"这组诗，已经水到渠成，一路讲析下去，痛快淋漓。我再问什么叫"诗意"？什么叫文中有"诗意"？学生一下子都理解了。以"诗意"为纲、为线索，这组诗的教学就很轻松，学生也很愉悦。我们学校的老师在听了该课以后，都说有所感悟：把教师创作的过程转化为学生能获得生动"体验"的过程，读、写真正结合了。其中唐岚老师，还专门撰文，她说：在我们品鉴诗歌大谈诗意、意境、情感的时候，柳袁照校长却提出了"诗中是否有文意"
这样的问题，这让我们有点始料不及。但当他反举了张爱玲《爱》的例子，
并将那篇《爱》演绎成两首诗的时候，我们才真正领悟了之前他在课件上
打出的金克木先生的那句话——"诗中有文意就不要写诗，文中没有诗意
连文都可以不写"的含义。他是在传达一个他所信服的有关于创作的理
念——"诗意不仅仅是诗最本质的要素，也是文章的要义。"提出这样的观
点，和他自己诗人、作家的身份是分不开的，可以说是厚积而薄发的一个
范例。她接着又说：文化这东西，"始则师而法之，继则比而齐之，终则驾
而上之"，作为语文教师，学富五车也许不难，难的是，不依人门户，能凌
驾于广博之上，去鉴别、去约取，去获取自己的见解与卓识。唐老师的话，
说得很有道理，对我也有启发。

（2012 年 12 月 27 日）

作文，要如一股清流

从心底里奔涌出来的，不做作、不虚伪、
甚至也不是雕琢出来的，
清清纯纯、清清爽爽，一派自然。

　　语文无非是"听、说、读、写"，而"写"更反映着语文的综合素养。现在，似乎学生越来越不会写了，老师也越来越不会教了。功利写作之风弥散于作文课堂，模式化、高考化写作几乎主导着学校作文教学的走向。

　　学生如何写作文？很简单的问题回答起来其实很难。我曾以"清泉"喻教育：教育要像一股清泉，活泼泼地流动。学生作文，也要如清泉，活泼泼地流动。以"清泉"喻作文，有这样几个问题可以思考：作文要言之有物，要有内容，如泉水要能够活泼泼地流动起来，需要水大水多；作文要以情动人，要情真意切，如泉水要清澈明净，才能让人喜欢、让人流连。作文怎么写？怎么表达？就如清泉怎么流淌，流成一个什么状态。我以为，这股清泉，要顺其自然，泉水从山崖泉眼里流出，本身就是一种优美或壮观的状态，遇到草木激起水花，遇到岩石激起浪花，一路奔流，遇到悬崖，就纵身一跃，成为一道瀑布，飞泻而下，掉入深潭，又静静地流淌。由此，我得到启发：作文内容、情感是第一的，而方法技巧是其次的。学生作文首先需要解决的是要有东西可写、有东西可以表达，而这些东西是从心底里奔涌出来的，不做作、不虚伪，甚至也不是雕琢出来的，清清纯纯、清清爽爽，一派自然。正如，叶圣陶先生一再提倡的"以手写我心"。

今年春节前，我在高二（7）班上了一堂作文指导课，课题是"如何写好记叙文，包括考试作文"。一见面，我就与大家约定："在这个课堂上，所有的人都是平等的，包括老师与同学，以及听课老师。"然后，文段引入，举了第一个例子，如下：

　　每年春节，我都会在初一去看望她。今年她得病没有去，那天我在开车的路上，接到她的电话，说不在家里，不要来看她了。过了没多久，她侄儿给我来电话，告诉了我夏老师的病情。在她生命的最后半年多时间里，进医院，出医院，她仍是那样坦然、自信和坚强。没有说过一句丧气、伤心的话。她对我说的最后一句话，是在病床上，她靠着床，仰着身子，她说："我从反对你，到支持你，对学生宽松，对老师要紧。"爽朗而坚定，那慈爱和严肃的神情把围着她周边的我们都逗乐了。夏老师要把她积蓄的20多万人民币，用来建立助学金，帮助那些贫困学生。她要我们不问成绩高低，是贫困生就帮助。我在病房，她与我说妥了此事。那一刻，医生告诉我，她离生命的终点不会超过一个月。

　　那天早晨，灰蒙蒙的天，天地似乎静止了。我与她的外甥女、侄儿，推着她的棺床，缓缓地走向那个"终点"。夏老师身上铺满鲜花，平静、安详，终于站定在那个生死两茫茫的"门口"了，她的两个至亲的外甥女，流着泪，伏下身子，对她说：大姨，您是这样的优雅，一辈子这样优雅。大姨，即使在您病得那样重的时候，还是这样优雅。大姨，我们还要听您讲故事。大姨，您先去，以后我们也会来的，还是要听您讲故事。下辈子，您还做我们的大姨。

　　这个场面，让我心中流泪。我大步转身，没有告别，大步向前走去，走了很久很久，我都没有转身。

这是我写的《夏老师》一文的片段。接着，我提了几个问题：这三段文字，哪些地方比较感人？表达了一种什么样的情感？写了哪些场景？哪些细节？这些场景和细节表现出夏老师是怎样的一个人？同学们回答得异常好。接着，我还是用清泉为喻，"如一股清泉，从山崖出口喷泻而出，不择地而流，遇到一块巨石，激起浪花，遇到一棵大树，激起浪花，遇到悬崖倾身而出，挂在崖上，然后滚入深潭"——这可以比作一篇文章的思路、脉络、情节、场面、细节、结构都在其中。在这里——"势"，即情感最重要。

老师如何教学生写作文？这同样是一个很简单的问题，语文老师天天在指导学生写作文，难道这个还要问吗？其实对此，还是值得我们反思的。我再以"清泉"为喻，现在，我们的老师，面对这股清泉，又是如何对待它的呢？就像一些开发商，一旦发现了泉眼，往往就会"筑渠"，或者接"管道"，把这股泉引下山去，或者引向某个矿泉水企业，装瓶装箱。很美妙的自然现象，瞬间就转化为功利的行为。我们老师指导学生作文也是这样，都在做些"筑渠"、接"管道"的事情。课堂上，更多的是讲授一些写作技法、技巧的事情，就像把这股清泉要引向指定的地方，什么地方该转弯了，什么地方下伸了，都有预设。这样的指导，清流一路欢唱的情景还会存在吗？作出的文章还会让人感动吗？

老师指导作文，还是要记住叶圣陶先生"以手写我心"这句话，要关注泉眼里的水势，要关注泉眼里水的清澈程度。没有水，或水量不大；水不清澈，甚至混浊，那些"渠"、那些"管"，又有何用呢？当前，语文写作教学中之所以会出现这种现象，与老师缺乏写作体验有很大的关系。语文老师自己不写作文，日积月累，写作的那种切身的辛甜苦辣早已远离了，给学生的指导总是隔了一层。叶圣陶提倡语文老师要写"下水作文"，真是高见，道出了一位优秀的语文老师应具备的能力素养和教学态度。我曾在全国的许多有关会议上，重述叶老的这个观点。我以为我国基础教育界，特别是高中学校里的一些语文老师是"不合格的"。道理很简单，一个数学老师不会做数学题，能让他教数学吗？一个音乐老师不会唱歌，能让他教音乐吗？为何一个语文老师不会写作文而让他教作文呢？

还是春节前的高二（6）班作文指导课上，我第二次文段引入，举了第二个例子：

> 每次我去看望母亲，总是匆匆忙忙，坐不上十分钟。但母亲盼望我去看她却会用许多时间，她会计算，估计我会去了，她就不出门了，怕走开了我来了见不着我。每次临走也总要送我。她住在两楼公寓，把我送下楼，走到楼梯口，再从楼梯口走进巷子里，再从巷子里走到马路上，看我离去。我常常走几步回过头，见她还在望着我，向我挥挥手。我走了很远，回过头，她还在望我，还会向我挥挥手。

> 最后一次，是她去世前三个月，她送我，走到马路边，坐在人行道的一家商店的台阶上，目送我远去。没几天她就住院了，就再也没有出来。我现在每次走过、路过，总会向母亲坐过的那个台阶望过去，依稀还能看见母亲坐在那里目送我的样子，这个镜头定格了。

以上文字是《清明》中的一段，是我作为语文老师写的"下水作文"，我让学生写自己，写最感动自己的事，要学生做到，我自己先做到。《清明》就是这样的产物，后来发表了，还被另外一些报刊转载。在高二（6）班的这堂课上，接着，又提出这样一些问题供同学们思考、讨论、交流：这段文字写了什么场景？表达了什么样的情感？看了这些文字，有没有触动你记忆中的某些事、某些人、某些场景、某些细节、某些情感？然后，又提出一个问题请学生思考：写好记叙文首要因素是什么？审题？立意？

场面描写？细节描写？布局谋篇？结构安排？这些问题学生都作了令人很满意的回答。

最后布置作文，我先给大家展示了一系列历史老照片，都是平常人的，或许是爷爷的或许爷爷的爷爷的，或许是奶奶的或许是奶奶的奶奶的，又给他们这样一些问题：你正处于怎样的情感之中？你有怎样的感想？你在回忆你最值得回忆的一件事、一个人、一个场面、一个细节吗？是在一个早晨？那是一个怎样的早晨？是在一个傍晚？那是一个怎样的傍晚？写出你的美好的情感：爱、感恩、感激、思恋、遗憾、后悔等。这件事里的人，或是你的老师、你的父母、你的同学，是你所爱的、所尊敬的、所视为知己的等，我请大家都来说一说。至此，这一节课基本实现了教学目标。顺水推舟，最后，我作了小结，我说：文章的内容（材料）与技巧（如场面、细节、结构）之间的关系，就像园林的造园材料与造园艺术之间的关系，苏州园林的元素无非就是"水、假山、花草、亭台楼阁"，不同的组合，就会显示不同的造园境界。成不成"园林"，材料是第一位的，是先决条件，同样，成不成文章，材料也是第一位的，是先决条件，尽管如此，艺术和技巧同样不可忽视。因此，先要备好"料"，然后，考虑怎样用"料"。要养成注意观察、注意积累的习惯，要敏于发现，善于感知，然后，因势赋形，善于表达，这是作文之道。

我们学校，是一所历史名校，著名作家叶圣陶、苏雪林、张羽曾为老师，著名作家费孝通、杨绛、彭子冈曾为学生。他们的作文的"教"与"学"，是我们宝贵的教育财富。今天，我们正在践行"诗性教育"，而"诗性写作"则是"诗性教育"的题中之义。写作是关乎灵魂的神圣事情，既是小事，又是大事，有功利的因素，但要把它最小化，作文保持"本真"，也就意味着做人保持"本真"，提倡做好事，说真话，与提倡写好文，用真情，是一致的。做人，要始终像一股清流，写文章也要始终像一股清流。

（2012 年 3 月 2 日）

为学会了欣赏别人而高兴

学校的品质，更多的是在课堂上呈现的，是在课堂上师生互动中呈
现的，那是一种自然的美丽、自然的美好。

早晨坐在办公室，打开邮箱，看到我们老师写的听课札记。几个月前，
我们组织了部分老师去天津听课。其中一所是耀华中学。校长任奕奕是我
全国优秀中学校长高级研究班的同学，她一再要求我去她学校给老师讲讲
"诗性教育"和"文化建设"。于是，我借这机会，带老师去她学校考察学
习，走进课堂听课。耀华是一所十分棒的学校，历史悠久、校风淳朴、英
才辈出，出了13位两院院士。学校真是热情，那天周五上午开设了高中化
学、语文，初中数学、物理四堂课。下午全校调课，全校的教职员工听我
讲课。大校的谦逊、大校校长的朴实，真是一道风采。

同时，我也为我们学校老师的成长而感到高兴。他们学会了欣赏、学
会了比较、学会了吸收。我们的老师多年来追求课堂的本真，构建道德课
堂与审美课堂，现在能够放开视野，从自己学校之外去获得经验、获得灵
感，是一种比较开阔的教育胸襟和情怀了。张晓红是学校督导室主任、生
物老师，却听了一节语文课——《纪念刘和珍君》。她在听课札记中这样
写道：

120

上课铃声响了，投影仪却始终没有亮起……

这不是经常发生的尴尬事，然而，却发生了。我很替授课老师捏把汗，"现代化"不能用了，她会怎么办？

依然带着浅浅的笑，她平静地说，今天不用这个了，请同学们一起背诵《纪念刘和珍君》第二章节。在学生们充满感情的背诵中，这个尴尬烟消云散。

整节课，我和她的学生都沉浸在她的娓娓讲解中，带着问题去悟，带着悟去读，在读中去拓展。没有了PPT，我却有更多的时间感受她的点头、眼神、表情、手势、走动、语感、声调、语速、停顿、感叹、沉思；没有了课件的约束，她的思维更加灵活，她的语言更加自然生动；没有了现代化的衬托，由声音带出的情绪感受，如幽默、期望、激愤等更易交融，更赋予了课以滋味，对学生的认识、情绪也起到了加深、强化、鼓动等作用。

整节课，没有一点表演的成分，没有幼稚肤浅的表面热闹。在这个常态的课堂里，犹如教师和学生的公共空间，不时发生着思维的碰撞；在教师和学生情感、智慧、思维和精力的投入、互动和碰撞中，生成资源，生成过程状态。这样的课才是真实的、有弹性的、有活力的课。

我不记得哪位教育专家曾说过，只要是真实的就会有缺憾。

陈蕾是高中数学老师，她去听了一节初中数学课——《整式的加减》。她在听课札记中写道：

"上课""起立""同学们好""我能行——"

当同学们用响亮的声音喊出最后一句的时候，惊讶之余，我立即觉得很是振奋，听者尚且如此振奋，呐喊者更是信心百倍。

　　每节课都能这样开始，是个多好的开端。学生爱教师是学生参与课堂教学活动的基础，教师爱学生是课堂教学的前提。在高老师的课上，你就能深刻地感受到这一点。在让学生回答问题时，高老师都会说"请某某同学"，并且五指并拢，手心向上，做出一个优雅的"请"的动作。虽然下面坐着一群不谙世事的毛孩子，但高老师把他们看成了平等的个体，体现了他对学生人性化的关怀与尊重，树立了一种全新的教师形象，言传身教，在潜移默化中使学生受到了礼仪教育，达到了"润物细无声"的效果。

　　由于课堂上使用了投影，经常要投影与板书交替使用，光线是个问题。不用老师关照，坐在第一排靠门边的女孩子每次都会很自觉，很适时地帮助开关灯，每次动作以后都会听到高老师的"谢谢"两字，说得很自然，却很温暖。开始检索自己的行为，许多时候，我会很吝惜"谢谢"两字，没能及时地送给学生这么温暖的两个字。"严师"要当，朋友也要做，"微笑"和"谢谢"是最好的润滑剂。学生回答问题时，亲切的凝视和微笑能让学生心头温暖许久；当学生遇到困难上门求助时，一个鼓励的微笑能让对方重拾自信。

　　离开教室，回味着课堂的情景，对于学科背景不同的听课老师来说，学科知识记不住多少，但是课堂上发生在师生间的一些细节却值得我们回味，那种真实生动的教学场景，折射的不就是教师的"专业品质说"吗？尊重、细致、信任、关爱，耀华的老师诠释了它的内涵。因为有这样的老师，课堂才会是愉悦的，高效的。耀华老师的平易随和让课堂气氛更融洽了，张弛有度的教学情景让师生更平和了，返璞归真的课堂场面让对话更自然了，也许还会让课下的沟通和探讨更默契了，也许……

去年，我曾经在高一（7）班，一天持续听了八节课，从早晨七点半坐到下午四点半。正如陈蕾所说："对于学科背景不同的听课老师来说，学科知识记不住多少，但是课堂上发生在师生间的一些细节却值得我们回味。"八节课，有的课会有学生而且是不止一两个人昏昏欲睡，我在一个教师会上说，即使是我，要我不走神、不开小差都不可能。有的课，确实如张晓红所说："在常态的课堂里，犹如教师和学生的公共空间，不时发生着思维的碰撞；在教师和学生情感、智慧、思维和精力的投入、互动和碰撞中，生成资源，生成过程状态。"学校的品质，更多的是在课堂上呈现的，是在课堂上师生互动中呈现的，那是一种自然的美丽、自然的美好。我常追求一种课堂如山里泉涌的状态，水从山里流出，从山上流下，不择而流，遇到山岩激起水花，又向前流去，遇到悬崖，从高处跃下，又向前流去。一路欢快、一路歌唱、一路风景。这是山泉流动的常态，但是灵动、顽强，给人美感，也会给人以幸福的体验。《纪念刘和珍君》这节课，遇上不能打开课件，教师仍旧自如上课，真是"不择"而流了。"诗性教育"的课堂不是做作的课堂，不是表演的课堂，不是教师表演才能的课堂。诗意的课堂，是不经意让情感、让思维、让美流动的课堂。陈蕾讲述的"五指并拢，手心向上，做出一个优雅的'请'的动作，虽然下面坐着一群不谙世事的毛孩子，但高老师把他们看成了平等的个体"，多好啊，高老师上课的这个细节！陈蕾老师能捕捉这个高老师上课的细节同样多好啊！

（2010 年 5 月）

第三辑

诗性教师

教师是什么？

教师是什么？教师首先是人，教师专业发展的前提，是人的发展。
我们能狭隘地要求老师只在教室、校园内发展吗？

　　我曾在许多场合，问过大家一个问题：教师是什么？一下子还真把大
家给愣住了，回答不出来。教师是什么？即使教师自身，哪怕是名教师、
特级教师，问到他，一下子同样也是回答不出来。教师是什么？传统的说
法说是"蜡烛"，燃尽自己，照亮别人。现在，又突出说是一种"专业"，
强调"专业发展"。唯独忘记了教师首先是"人"，教师的专业发展，包含
着"人的生命成长"与"教师的专业成长"等不同的层面。

　　去年，我去了西藏的墨脱，墨脱本身海拔并不高，可是它是一个盆地，
四周是连绵的、险峻的、高大的雪山、雪峰，因而是西藏最难达到的地方。
雅鲁藏布江穿越其中，雅鲁藏布江奔腾的江水，劈山开岭，在大山里穿行。
最壮观的是墨脱境内的雅鲁藏布大峡谷，本当直行而去，竟绕着一座山，
拐了一个圆圈，再顺势而出。我曾站在它的边上，领略它的气势，看白云
在它身上遮盖、掀开，如绵被、如轻纱。那时刻，我想到了教育，特别是
"教师专业发展"。教师专业发展本身并没有错，在教师没有专业发展的时
候，强调它，是对的、必要的。几十年过去了，情况发生了变化，内涵需
要丰富，需要超越，而现实情况是"专业发展"的内涵不断窄化，在实际

127

操作中，被狭隘地理解。教师被框定在"本学科""本课堂""本学校"内的发展，被"圈养"在一个相对狭小的时空范围内。

站在雅鲁藏布江墨脱大拐弯的地方，我在反思自己：所谓人的专业发展，是不是就是走捷径，就是尽快在岗位上成才？教师是不是也当如是？职业发展与生命成长是相联系又有区别的两回事。人是不是还是应该多一些爱好、个性与特长，甚至看似与职业关系不那样密切的爱好、个性与特长？教师也一样，在岗位上，看似缓慢了他们成才的步子，其实去拓展他们的人生，放开他们的眼量。教师是什么？教师首先是人，教师专业发展的前提，是人的发展。我不太喜欢用"教师专业发展"这个概念，就像我不喜欢用"有效课堂"或"高效课堂"这个概念一样（同样是被异化、窄化的概念，在实际学校的操作之中，往往与高考、考试相关度高的课堂被称为"有效课堂"或"高效课堂"）。在教师发展这个课题上，我喜欢使用"教师的生命成长"这个概念。何时能在日常的学校工作中，把教师发展中的"人"的发展，真正摆上位置呢？

最近，我去了中国科学院属下的地理所，观摩了那里的河流形成的实验现场，原来所有的河流，以自然的力，在自然的地形、地质条件下，都不会形成"笔直"的河道。自然形成的河流，蜿蜒曲折，没有规律又有规律，与天地山川相呼应，有无尽的魅力与美妙。教师，何尝不是？有"成才"的捷径吗？有的，那也与河道一样，是人力所为。许多学校，也包括我自己，都曾提出"走捷径"的教师目标，比如，"一年站稳讲台，两年成为课堂能手，三年校园成才"，不能说它都不对，这样培养新教师也能有"成效"，不过，总感觉缺少什么。不重视教师的个性特长，忽视他们的兴趣爱好，把教师往"课堂流水线"赶，实质是想把他们早日培养成为一个"流水线"上的合格操作工。

有一年，郑州市一位教育局长（现为河南省教育厅副厅长）毛杰，突然给我发了一条短信，问我：你认为一个学生最重要的品行有哪些？我不假思索地回答：情怀、担当、原创性。这位局长又问：老师呢？我又不假思索地回答：情怀、担当、原创性。当下社会最缺少什么？我以为就是情怀、担当、原创性，让未来的社会更阳光起来，必须以我们老师的情怀、担当、原创性影响、培养学生的情怀、担当、原创性。然后，才能以孩子们的情怀、担当、原创性去支撑未来社会的情怀、担当、原创性。当下，我们的教师专业发展的实践之中，在多大程度上，把情怀、担当、原创性摆在了应有的位置上？从捷径上走来的老师，到了四十岁以后，高级职称拿到了，特级、正教授职称也不想要了，会出现"职业倦怠"现象。如何不倦怠？如一条笔直的河流，流到东是这样，流到西是这样，在不同的时空位置上，周而复始，都如此，如何不倦怠？曲径通幽，山回路转，才是风光，而且时时有不同的风光。

有人提倡像"叶圣陶那样做老师"，这话会给我们许多启发。叶圣陶假如在今天可能是个"不合格"老师，其他不说，单他的普通话就不标准，一口苏州方言，或一口苏州官话，普通话专业证书一定拿不到，"专业化"程度不高。在教书的同时，还写小说、散文，一心两用，专业态度不端正。以今天教师专业化标准来要求叶圣陶，叶圣陶如何能成为一个好老师？可是，叶圣陶在中国现代中小学教育史上，特别在中小学语文教育史上的地位是很难撼动的。又比如杨绛，曾经是我们学校的学生，后来又成为我们学校的老师，还当了一年的校长，在读书、教书的时候，就显示了她的文学才华与人格魅力。中途，她离开了学校、离开了教师的岗位，以至于终成了一代"大家"。以现在的教师专业标准，她也不是一个称职的老师，她没有读过师范，她没有教师证。专业思想也不巩固，校长王季玉几次三番地挽留她，她都执意不回头。这几年，我们去拜访她，她可爱地先问我们承认不承认，她当过校长？她很看重这段历史。她影响了无数人，她的作品影响了无数人。我们能狭隘地要求老师只在"教室""校园"内发展吗？叶圣陶、杨绛都是像西藏雅鲁藏布江一样的人，他们奔腾而来，奔腾而去，其间，还会波澜不惊、静静地流淌，顺其自然，大拐弯是壮观，小拐弯是柔美。这样的老师，何其少？原因呢？

教师，不仅仅只有"专业"，更重要的是他们所拥有的"人生"。对老师本人来说，这很重要。我曾对老师说，现在，教师职称制度需要论文，我们趁年轻赶快完成它，把一生需要的论文都准备好。然后，去做原创性的事情，假如是语文老师，则一边教书，一边创作，可以写散文、诗歌、小说。这些散文、诗歌、小说，对我们语文老师来说，就是叶圣陶所说的"下水作文"。今天，许多语文老师都不会写作了，更不要说创作，高考作文的指导，只是一味地让学生模仿，教他们"套作""转换"，我们时不时会遇到满分高考作文刊登于报纸杂志之后，被举报是抄袭之作的尴尬。不可悲吗？

这几年，我们发起"诗歌回归中学校园"活动，在启动"全国中学生校园诗会"，定期出版师生诗集。在高考作文"体裁不限，诗歌除外"的背景下，让学生读诗、写诗，不为他们成不成诗人，而在于他们需要一生拥有诗人的"情怀、担当、原创性"。要做到这一切，前提是老师必须是一个有"诗性"的人。我们的语文老师，从教材出发，离开了教材，去系统地研究、对比中外诗人与同一时代的诗歌之流变，研究诺贝尔奖诗人，研究苏州诗人，研究《红楼梦》诗作等，并相应出版专著，以及诗歌、散文作品集。这种看似的"游走"，其实是在最柔软的地方，灵魂与灵魂的相遇与融合。这样的状态，渐渐成为学校的常态、教师的常态，是悄无声息的，却涵养着教师们的生命成长，同时，更影响着学生们的生命成长。

教师是什么？教师首先是人。在教师发展的问题上，我们首先必须着眼于"人的发展"。狭隘的、片面的观点与做法，都是错误的。跨界的、交互的、综合的、辩证的观察、思考，或许有益。走出去，才能回来。离开自我，才能找到自我。教育也一样，老师也一样，走出去，才能回来。离开学校，才能找到学校，离开专业才能回到专业。

（2015 年 9 月 18 日初稿，2017 年 7 月 26 日修改）

传统文化与教师品行之魂

社会的美好，人生的美好，生活的美好，是第一位的；社会是诗的，
人生是诗的，生活是诗的，才是孔子所真正追求的。

　　我们中华民族五千年的悠长文化之魂是什么？这是一个没有标准答案
的问题。标准答案是当下教育一切弊端之源。每一个人对我今天提出的这
个问题，都应该有自己的理解与解答。我以为：是诗，是诗意、诗性。我
还想问第二个问题：当下，教师德行最缺少的是什么？我以为正与我们传
统文化相悖，缺少"诗、诗意、诗性"。什么叫"德行"，有两个解释，一
是指"道德品行的素质"，二是带有贬义，有讥讽的意味，"你这德行！"我
们沙龙的题目"教师德行"，是用的第一层意思呢，还是第二层呢，还是两
者兼而有之？

　　我先讲一个故事，大家都知道《论语》里的《侍坐》，说的是孔子与他
的几个得意门生谈论人生志向的故事。在坐的有子路、曾皙、冉有、公西
华等，大家侍坐在孔子左右。畅谈理想，人人有大志，先后表达如何治理
国家的设想意愿。唯曾点不一样，他说，只愿几个朋友，带上几个小孩，
穿上春服，去野外沐浴春风，享受春光。孔子听了，叫好，说了一句："吾
与点也。"意思是：我赞同曾点的观点。原文是："点，尔何如？"鼓瑟希，
铿尔，舍瑟而作，对曰："异乎三子者之撰。"子曰："何伤乎？亦各言其志

也。"曰："莫春者，春服既成，冠者五六人，童子六七人，浴乎沂，风乎舞雩，咏而归。"夫子喟然叹曰："吾与点也！"这不是诗意吗？这样诗意的老师还有吗？对胸有"大志"的学生不赞同、不表扬，还要讥笑。对末春之时，向往"浴乎沂，风乎舞雩，咏而归"的曾点，却大加赞赏。这涉及培养目标的大事，这不牵涉到我们要培养什么样的人？我们要学生拥有一种什么样的人生理想？可以闭上眼睛想想，暮春时节，穿戴春天的服饰，几个老师，带着几个小孩，到沂水中沐浴，到舞雩祈雨台上吹风，然后大家高高兴兴唱着歌回家。不可思议，价值观哪里去了？然而，孔子不愧大师。这才是学习的应有状态，也是生活应有的状态。社会的美好，人生的美好，生活的美好，是第一位的；社会是诗的，人生是诗的，生活是诗的，才是孔子所真正追求的。这样的情形，是审美的，难道不是我们文化传统的本源吗？现在我们的老师、我们的学校离这个本源，有多远？

范仲淹作《岳阳楼记》，我想问问大家，范仲淹是怎么写《岳阳楼记》的？《岳阳楼记》的根本意义在哪里？我们大家都去过岳阳楼吗？岳阳楼有没有诗意？大家都会说有诗意，特别是没有去过的人更会说有诗意，为什么？因为读过范仲淹的《岳阳楼记》，岳阳楼有诗意，而范仲淹更赋予了它浓浓的诗意。因为岳阳楼，才有了《岳阳楼记》，因为《岳阳楼记》，才又再生了岳阳楼。其实范仲淹写岳阳楼的时候，他不在岳阳楼，之前没有去过，之后也没有去过。是朋友滕子京给了一幅画，画家画的岳阳楼。这幅画一定比岳阳楼本身更富有诗意，是这幅画才更让范仲淹诗意荡漾。文章可以分两部分，前一部分写景，后一部分抒情、议论，抒情、议论则是范仲淹的感悟。我想问大家，今人一般是对景印象深刻还是对议论印象深刻？答案一定是"先忧后乐""不因物喜，不以己悲"这两句话。这难道不是范仲淹的人生观、世界观与价值观的诗意表达吗？

当下学生最重要的素养是什么？我的回答是：情怀、担当、原创性。那教师呢？我的回答是：情怀、担当、原创性。假如，可以对这三个词再进一步概括，我一定会用"诗性"二字。范仲淹假如不是一个诗性的人，能写得出这样有诗意的《岳阳楼记》？一个没有情怀、担当、原创性的人，能说出"先天下之忧而忧，后天下之乐而乐""不以物喜，不以己悲"的话吗？因而，我理解"诗性"的内涵必然包含"情怀、担当、原创性"这几层意思。在这里，我想再问一下，像范仲淹这样的情怀、担当、原创性，于我们今日之学校还有吗？有，又在哪里？

我曾写过一首诗，叫《落叶》。那一年的秋天，校园里的银杏树金黄金黄的，散发出无限的魅力。好花不常开，好叶也不长有。一阵秋风、秋雨之后，银杏叶开始纷纷飘落，满地都是。于是，我写了《落叶》：

孩子，那路上的落叶
你可以踩在上面
在落叶上面
你向前走去
但是，你不要扫去
这些美丽的落叶

我们要做一个善良的人
身边落下的每一片叶子
都曾是有思想
有生命的
当春天过了
秋天过了
它们也就醉了
落了

也许孩子

你还会有许多不明白的事情

看看天上的云吧

想想一阵风

吹来了

又没有了

它们是眷恋着的

但还是离开了

这首诗，是我写给某一届的高三学生的，在他们的新年迎新活动中，我朗诵了它，并作为几个月以后的毕业礼物。"落叶"在我的诗里是有文化意蕴的，代表着先辈、传统，蕴含着的是人生态度。弘扬一种做人、为人的姿态，善良、大度，超然、超脱。人具有了这样的品行，于社会，于自然世界，于自己，功将莫大焉。所谓孔子的"吾与点也"、范仲淹的先忧后乐，其实，都是如此。

费孝通先生提出"文化自觉"的主张，所谓"各美其美"，就是要"美"我们自身的"美"的传统，即坚守、弘扬我们中华民族的优秀的文化传统——诗意的、诗性的文化传统。当下，什么最缺？社会上最缺的是什么？学校里最缺的是什么？学校最缺的，就是教师最缺的。当下，我们老师的情怀在哪里？担当在哪里？原创力在哪里？即"诗、诗意、诗性"在哪里？功利几乎笼罩着学校的一切。教育的功利、学校的功利，往往都是通过校长、也包括教师来实现的。教育需要坚守，坚守中华民族的优秀的传统的诗性文化。教育需要坚守，坚守中华民族的优秀的教育的真善美的核心价值观。这一些，都要依靠我们教师来实现，没有教师，则没有教育的未来。

我们是不是可以说，像孔子一样做老师？——就是"吾与点也"般地做有情怀的老师，本真、唯美、超然。曾点追求的是人类社会的整个美好境界，而其他孔子的弟子追求的是自己的功名利禄，境界是很分明的。我们还可不可以再说"像范仲淹一样做老师"？也就是要求我们能像范仲淹那样"先天下之忧而忧，后天下之乐而乐"，做一个有情怀、有担当、有原创力的这种有道德品行的老师。我会不断以"传统文化与教师品行之魂"这句话，提醒自己，作为我的教育的座右铭。

（2016 年 3 月 19 日）

以自己的丰富与丰盈滋润学生

——我对好老师的理解

一个丰富、丰盈的老师，才能让学生也丰富、丰盈起来。
那才是真正的生命的滋润。

　　怎样才是一个好老师？我一直在思考。专业与非专业，专业发展与超越专业发展？教师的核心素养与每一个不同的教师的个性、兴趣、爱好，是什么关系？教师课堂上的十八般武艺与课堂外的十八般武艺需要一致吗？沉思、构思，似乎有许多话要说，又理不出头绪。于深秋的细雨之中，出门走走，走到了不远处的小山村。水边，木栈道、小木屋、小木桌、一壶茶，坐在大树下，还在思考"好老师"。突然，似乎有些领悟："好老师"一定是不功利的老师，"好老师"一定是能滋润生命成长的老师，就像这片原野。问题很简单，凡能滋润学生生命成长的老师，就是好老师，而不在乎，那些所谓专业素养与非专业素养，不在乎所谓的专家学者的研究界定。

一

　　什么样的老师才是这个时代的好老师？现在通行的说法是"专业发展"

比较理想的老师。"专业发展"自有特定的内涵,"教师专业发展"也自有特定的内涵。可是,我们现在确实是按照"专业发展""教师专业发展"的实质内涵去实施了吗?有没有概念的变化、异化,乃至偷换了概念?比如,教师的"多面手",即老师除了本学科专业的能力素养之外,还具有其他专攻、专长。这些专攻、专长一般不在"教师的专业发展"的题中之义。一个数学老师除了数学教学是高手之外,假如围棋也下得好,同样是高手,那这个老师的围棋水平的提升是不是也可以归纳到他的"专业发展"的范畴之中?同理,一个语文老师除了语文学科是能人之外,还有一个金嗓子,歌唱得好;一个物理老师除了科学素养高之外,还踢得动足球,足球场上还能够驰骋逞威等。这些老师这些"武艺",我们是重视、肯定、鼓励,还是视如罔闻,不在视野之内?

前几天,我们做了一次调研,调研采取了头脑风暴的形式。分两组,每组十人,一组是校领导、学校主要部门的主要负责人;另一组是各学科的优秀骨干教师。用半小时时间,对"好老师"的内涵、品质、素养,进行头脑风暴。最后,每组获得七十条"意见",两组一百四十条。归纳一下,大都集中在"学科素养、教学能力、态度责任"等方面。对教师自身的个性、兴趣、爱好,所谓的"十八般武艺"几乎没有涉及。只有一人提到了教师还要有"绝活"。什么是"绝活"?是不是魏书生语文教学之外的"气功"?我几次听魏书生讲座,他都要提到气功,教学之中还教学生气功,气功成为魏书生教书的手段,也是他管理学生的手段,确切地说是他培养学生自我管理的手段。魏书生的气功是他成为一个"好老师"的因素,至少是一个促进因素。对魏书生来说,气功,以及气功在教育教学之中的作用,是他之所以成为魏书生的内涵的一部分。在我们这个践行了多年"诗性教育"的学校,提倡做"超然"的教育,尚且把教师的素质素养看得如此狭隘,可想当下对"好老师"理解的普遍状况。

二

我们追求做"好老师"的境界，什么是好老师？我们需要不断地追问。什么是好老师，首先是一个称职的老师。这是一个底线。什么叫称职？我的理解就是现在一般意义上的教师专业发展、专业合格。胜任教育教学工作，即是能把握住课堂，做到"有效教学"。什么是好老师？在底线的基础上，有高标。有情怀，有担当，即所谓有"家国情怀"、有"使命担当"。情怀是一个现代人最重要的素养之一，情怀是区别"人"与"非人"的重要标志。情趣、兴致、胸怀、情致如何，关乎人品如何。敢于承担责任，有魄力。一个老师，不同于一般的职业人，是需要他们去影响一代人的人。老师除了在正式的教育教学场合能够影响学生，在许多非正式场合，也能影响学生，尽管是不经意的，但还是能影响的，这就给老师带来更高的职业要求。

我们仅仅从自身来研究自身是不够的，仅仅从"教师"的视角来研究"教师"是不够的。要放到一定的背景之中，特别是一定的或特定的文化背景之中，才能获得"真知"。比如，研究江南的教师，必须联系江南的文化。又比如，姑苏的文化，从某种意义上说，我以为是刺绣文化，精美、精致，用苏州刺绣做成的衣服或作品同样精美、精致，给人美感，使人愉悦，耳目一新，雅致又不张扬。为什么？有一种内涵在。思考"好老师"这个概念，借助"刺绣"艺术，或许容易说明问题。好老师这个概念，在不同的人身上，一定会体现不同的个性，本质的属性一定是通过富有个性的形式、方式表现出来的。教师是"人"，但"人"的本质属性，在教师身上，一定是通过富有个性的这一"教师职业"而表达出来的。如何表达的呢？与刺绣有没有一点关系呢？或许有。刺绣是艺术本身也是艺术的元素。服饰上的刺绣，是艺术本身也是服饰艺术的元素。教师的专业与教师专业之外的个性、特长、爱好，正如衣衫与衣衫上的刺绣，是本身也是元素。富有生命的质感，标志是什么？可不可以说，就是衣衫上的刺绣？提倡还是不提倡教师除了发展自己的本学科、本专业之外的其他素质、素养？比如，数学老师除了数学之外，还爱好书法、绘画、舞文弄墨，语文老师除了语文之外，还喜欢打拳、气功、舞刀弄枪，物理老师除了物理等科学之外，还热衷秦砖汉瓦、湖石灵璧等。

教师的"多面手"，与刺绣艺术中的"双面绣"，是不是有相通之处？苏绣中的"双面绣"，两面都是画面，一面与另一面，没有正面与反面之称。这一面绣了一只或一对猫，那一面或许又绣了一只或一对狗。同样栩栩如生，活灵活现。一面是山，另一面或许是水。一面是冬天，另一面或许是春天。教师是不是最好也如此，有自己职业水准的一面，还有似乎与自己职业关系不大的另一面，涉及他的个性、兴趣与爱好。正如魏书生除了语文教育教学的特长之外，还有包括气功在内的诸多兴趣爱好。这些兴趣爱好，似乎与魏书生的语文教师的职业关系不大，但又在他的实际语文教育教学生涯中发挥了很大的作用。

你知道色达吗，四川的藏区，一个有风景有信仰的地方。看过它的冬天才是看到了它真正的风景，看到了它冬天的寒冷生活，才知道有一种人内心的坚韧。教师的个性、兴趣、爱好，或许就是我们在头脑风暴中那个老师所说的"绝活"。老师的"绝活"在平时，或许显示不了作用，但是，在一些特殊的场合，对一些特殊的教育对象，会产生非同一般的意义。有的学生正是因为他喜欢这个老师，而把这个老师所教的课学得很好。为什么喜欢这个老师？因为这个老师有魅力，魅力从何处来？因为这个老师是多面手，有十八般武艺，虽然是理科老师，但人文素养很高，琴棋书画，吹拉弹唱，皆能、皆会、皆好。学生如何不喜欢？"好老师"应该是一个丰富的概念、立体的概念、多元的概念。要拓宽教师发展的视野，从教师的专业发展出发，走向超越教师专业发展的新阶段。所有的教育概念，都有特定的内涵，但是都不会僵化，凝固不变的。不同的人，不同的学校，不同的区域，不同的时代，都会有属于自己的个性表达。

三

教师专业的发展，既是职业的发展，更是人的发展。如何让教师成为一个完人全人，立体的人？什么叫完全的人、立体的人？就是丰满的人、丰盈的人，灵与肉完美结合的人。我们是不是可以简要地考察一下历史的名师，他们是什么样的人？古今中外，我们可以随便找几个说说，苏格拉底算不算一个好老师？除了研究传播他的学术之外，他喜欢养生健体。孔子算不算一个好老师？他酷爱音乐，三月不知肉味熬不住了，就鼓瑟吹笙去了，音乐还能使他忘记一切。金岳霖是不是一个好老师？一个哲学家，竟然喜欢斗蟋蟀。林语堂是不是好老师？他也有自己的爱好，喜欢钓鱼养生。也许，大家会说这些都是名人，名人不具备普遍意义。我再举当下普通校长、老师的例子，比如，王殿军，现为清华附中校长，原来是清华数学系的教授，专攻数学，当校长也没有很长的时间，但是他当校长后，这几年清华附中上升幅度很大，教育成果很多，特别是牵头在高中做中国的大学先修课程，更有影响。之所以如此，能带动学校，即全国一批学校改革创新课程，除了他的校长领导力之外，还得益于他的个性魅力。我曾与他在一个校长高级研究班里读书，因而了解他。他是数学老师，但是他会写诗，一顿饭还没有吃完，一首诗就写出来了，并能声情并茂地朗诵。他会唱歌，除了美声之外，陕北调子拉起来，会让听者兴奋得手舞足蹈。这是不是能给我们许多启示？教师只能上课，余下的时光如何度过？只有本专业，如何与人作进一步的深入的交流与交往，而去发挥更大的影响力？

我曾看到这样的景致：苍凉中的大美。某个摄影师在某个偏僻处的深山拍摄到的几幅照片。寒风、大雪，孤独的颜色，山民孤独地行走在大山之中；炎热，山中的炎热，一群孩子只能在河水中消遣；秋天，漫山遍野的草木黄了，苍天下，只有一群羊，一个放牧人；春雨时分，三个小孩撑一把伞，把自己装进竹篓里。照片真的很美，是一种艺术，大山深处的清贫经过渲染，被留了下来，成为作品。艺术与生活毕竟是两回事，我们需要这样的真实生活被保留下来吗？让一些人就这样生活下去成为永远的风景？教育也一样，有许多被专家学者，乃至被我们教育管理者，包括校长视为教育之美、教师之美的事物、现象，还需要保留吗？

古人说，读万卷书，行万里路，目的是为了充实人生、丰盈人生。社会发展到今天，即使坐在家里，也知天下事。最近一段时间，我经常讲"读图时代的看风景说教育"，从世界万物之中，去感悟教育。每一个人的立场不同，视野不同，审美倾向趣味不同，一样的东西会看出不一样的东西。现在，我面前有三幅图：一幅是一张盆子贴挂在墙上，一幅是池塘开挖在客厅里，一幅是在水中央种一棵树。"好教师"这个命题，与这三幅图有什么关系？盆子是装东西的，一般放在桌子上，现在盆子不装东西了，挂在了墙上，从实用到装饰品。池塘应该是天然之物，人工不是不可以，一般都在空地上挖一个，可是，这里却挖在室内。树生长在田野里，但是我们却人为地让它生活在水中。在我们的教师工作中，为何不能也有这样的思维呢？我们应该提倡一点教师专业之外的发展，即所谓的"功夫在诗外"。我们应该提倡教师加快本专业发展的同时，还要加快"非专业"的发展，这种"非专业"，即所谓的"十八般武艺"，即所谓的"绝活"，说不定还是一个丰富的人、丰盈的人的核心素养呢。一个丰富、丰盈的老师，才能让学生也丰富、丰盈起来。那才是真正的生命的滋润。我的上述关于教师多面手、十八般武艺的思考，只是打上我自己烙印的不完全不完整的思考，只是一种个性化表达，挂一漏万，瞎子摸象而已。

(2015 年 11 月 9 日)

142

要让老师们学会"玩"

做一个称职的老师，不能只会上课，除了上课，

什么兴趣、爱好都没有，这能说合乎现代教育的要求吗？

最近，遇到两件事情，触动我。一件是上周早晨，打开手机，看到女儿留言说：刷爆了微信朋友圈，汪老师患老年痴呆症，走失。寻人启事，是不是真的？我一怔：会吗？不会吧！汪老师年岁不大。我来学校的时候，还在岗位上，后来退休，返聘回来，又做了七八年。教外语，很认真、很负责，效果也很好。她是我女儿的老师，也曾是当时是苏州市长，后来为教育部副部长章新胜儿子的老师。依稀记得两年前她还来学校参加退协活动。只有六十多岁，怎么会呢？我快速刷一下朋友圈，到处都是这个寻人启事。我马上请办公室老师核实，果然确有其事。后来，在离家四十多公里的昆山被发现。发现时，已跌入水沟之中，浑身湿透。无记忆，不知道家住哪里，也不知道自己是谁。第二天《姑苏晚报》用很大的篇幅报道此事。汪老师我很了解她，是一个工作专心致志的人。中午办公室里都是辅导、补课、补差的同学，上课、下课、备课、批改作业几乎是她的全部。另一件事情是元旦退协迎新年活动。退休教师自娱自乐，集中在体育馆，开展体育与文艺活动。百年老校，退休教师多，有三百多人济济一堂。他们玩的体育活动都是极原始的小孩活动，什么飞镖，什么钓鱼（即在盆里

钓象征性的小动物），什么夹弹子。也即是当年经常批评学生不懂事，长不大，热衷的游戏。我注意到一个场面，当年那些在课堂上叱咤风云的好老师、骨干老师，大都坐在一隅，静静地观赏，似乎有些寂寞，有些落寞。瞬间，给我强烈震撼。是的，我们是有过错的，校方是有过错的，在鼓励老师专业发展、鼓励老师奉献的时候，我们忘了保护、发展他们的兴趣爱好——那些似乎与本学科不那么紧密联系的兴趣爱好。当他们退休了、空闲了，单位与家庭都不需要他们大量付出的时候，寂寞、孤单，或许就笼罩上了他们。

在年底的校长述职会议上，我说了元旦活动的感受，并提出建议，建立教师合唱团、舞蹈队、美术班，可以请瑜伽教练、太极拳教练来学校辅导老师。新学期开学，正式议程之前，先让各年级、部门派出代表上台表演节目。我们的语文课上，有课前演讲，每个同学轮流上讲台演讲，来锻炼。为何我们不可以借鉴到教职工活动上来呢？形成惯例，我说，以后每次教职工活动，包括各种集会前，教职工轮流着上台表演。这次有诗朗诵，以后，连诗朗诵都可以排除在外，必须唱、跳。做一个称职的老师，不能只会上课，除了上课，什么兴趣爱好都没有，这能说合乎现代教育的要求吗？

在发展学生的过程中发展自己，在更好地发展学生的过程中更好地发展自己。怎样的发展才是完全、完整、丰富、真正的发展？教师对学生的影响，就不仅仅局限在课堂上、学科上。教师学识涵养，教师的灵性悟性，教师的兴趣爱好，对学生的影响是不经意的，是潜在的，是润物细无声的，或许会大大超过所谓严谨的、严肃的学科专业的影响。每一个教职工都是一个现实的人，对他们的发展，不能仅仅局限于当下的学校工作阶段。每一个人都有完整的人生，不仅仅只是学校生活的人生，我们的眼光不能只局限于学校工作的有限的、局部的范围内。学校生活的一切都是为了孩子们的未来奠基，我们为何不能说，教职工的学校工作的一切同样也是为他们晚年幸福美好的生活奠基？当然，教职工的兴趣爱好，不能仅仅停留在娱乐生活上，领域应更多更广。老年人的创作与创新意识、能力与水准，对老年人的晚年生活，同样更具有意义。我们鼓励老教师著书立说，总结自己的人生、总结自己的教育教学生涯。学校资助退休老教师出书，比如秦兆基老师，今年八十余岁，仍然每年写作一本书，去年用了一年的时间，梳理历史，写出了110年学校历史专著。保护、培养教师的兴趣爱好，不仅仅对老师个体有意义，秦老师的个人写作爱好，不是对学校、对我们大家都产生了意义吗？分享他的作品，即是分享他的思想情感，也通过他的劳作，使我们进一步认识历史，即是认识我们当下的来龙去脉。

我们提倡教师发展自己的多方面的兴趣爱好，在某种意义上即是提倡老师学会"玩"。这里的"玩"内涵是丰富的，可能是纯粹的玩，也有可能是超出了原有的内涵。这样的"玩"，尤其重要。现在的高中学校，学生都没有时间"玩"了，我们却让老师"玩"，能行吗？行得通吗？能被教育行政部门、社会，以及教师自身认同吗？我认为，中学生，特别是当下高中生的学校生活单调、枯燥，是因为学生不能"玩"、没法"玩"，除了高考科目，学生几乎已经舍弃了其他的所有。我们能不能通过提倡教师的"玩"，也能带动学生的"玩"？要让老师学会"玩"，这无论从哪一方面说，其积极性都不能低估。对他们自身的生理、心理健康有积极性，不只是现在，更体现于将来。对学校全面、健康地推进素质教育也有积极意义，体现于当下的学生发展，更体现于学生的终身发展。我们要创造条件让老师们有更多的时间走出课堂，到操场上去、到舞蹈房去、到舞台上去，以自己的"玩"，带动孩子们"玩"，以呈现学校真正的师生共同发展、共同成长的美妙状态。

（2016 年 2 月 25 日，2017 年 7 月 26 日修改）

向雷夫们学什么？

在日常的学习生活中，在坚持做好每一件小事中，真正走进孩子的
心灵，走进孩子的世界，才能找到教育途径、方法和手段。

　　中国大陆教育界正在刮起一股"雷夫热"。上周北京的一家教育研究机
构把雷夫邀请到北京大学百年纪念大礼堂，作了一天半的报告，会场挤得
满满的，来自全国各地的中小学教师、校长，教育研究人员，教育的厅、
局长1700人，几乎都坚持到最后。这种热情不退的会议场面，现在似乎不
多见了。我与学校的十多位骨干班主任，有幸到现场聆听。有一些感受，
愿意与大家分享。

　　我们要向雷夫学什么？记得三年前，我们十中与振华双语学校还没有
分离，在一次全校教师大会上，我向老师们推荐了一本书《在与众不同的
教室里——8位美国当代名师的精神档案》，其中特别推荐了罗恩·克拉克
和雷夫·艾斯奎斯两个老师。他俩的事迹都搬上了荧幕，罗恩·克拉克的
55条班规很出名，他的信念是"教给学生建立自尊且受用一生的技能"。55
条班规都很具体，如，第一条："回答我的问题时，总要说'是的，先生'
或'不，先生'。只是点头或用其他表示'是'或'不是'的体态语都不
行。"又如，第二条："要知道视线接触的重要性。如果有人在说话，眼睛
要一直注视着说话的人；如果别的人发表意见，则要转过身去，正对着

146

那个人。"这些班规都很平常，在我们看来，似乎都没有特别之处。同样，第55条班规："做最好的自己"，虽然是抽象的表述，但同样，我们的学校也在这样要求学生。就在这次教师会上，我们在会场观看了好莱坞电影《罗恩·克拉克的故事》，中译名为《热血男儿》，给我们老师很大的启发。会后，老师对我说，这是最好的一次教师大会。这次去北京，能够与另一位我们老师熟悉、敬仰的雷夫·艾斯奎斯近距离接触，真是让我们的老师高兴。雷夫与罗恩一样，创造了轰动全美的教育奇迹。雷夫被《纽约时报》尊称为"天才与圣徒"，《每日电讯报》则誉他为"当代的梭罗"。曾获得美国"总统国家艺术奖"、英国女王 M. B. E 勋章、"全美最佳教师奖"。27年来，雷夫一直在洛杉矶的霍伯特小学担任五年级的老师。这是一所生源极差的学校，学生几乎都来自贫困家庭或非英语系的移民家庭。但是雷夫班上的学生的学业成绩却高居全美标准化测试（SAT）前5%。许多学生长大后，进入哈佛、普林斯顿、斯坦福等名校深造。雷夫依靠什么创造了这些奇迹？他的每一个学生在读五年级的一年时间内，都要学习并参与排练莎士比亚的一部完整戏剧，并在全国甚至国外的剧院上演。他一直在56号教室，与孩子们在一起，从未离开过。那里有着一种独特的文化氛围：他从来不对学生高声说话，也不让他们丢面子。

雷夫、罗恩给了我们什么启示？我们向雷夫们学什么？我认为，就是要学他们从体现教育信念的那些事做起，无论大事，也无论小事，日复一日，年复一年，不放弃，不丢弃，持之以恒。罗恩的55条班规、雷夫的"56号教室"与莎士比亚戏剧，都是他们坚持、坚守了几十年的说大就大、说小也小的、既大又小的事情，也是他们取得成功的关键。对照我们自己，今天一个理念，明天一个理念，今天一个举措，明天一个举措，今天变革，明天变革。教育的新花样层出不穷，追求新，日日新，追求变异，几乎希望天天出教育的新闻。也不能说，我们的想法都不好，不能说愿望都不对，但是，缺少积累，既包括经验的积累，也包括教训的积累；缺少宽容，对于暂且受到失败或挫折的宽容；急于看到成绩，浮躁、功利、短视。假如，我们能够像雷夫、罗恩一样，静下心来，一年、两年坚持做好一件事情，甚至用10年、20年专心致志做好一件事情，你一件，我一件，他一件，中国教育的许多难事都会被我们解决，教育改革的难题都会被我们攻破，一个个教育家校长、老师也会不断产生。

雷夫们能解答我们什么问题呢？这次雷夫教育报告会，还安排了一项活动，让雷夫回答中国教师最想让雷夫回答的20个问题，涉及当下中国教育的方方面面。但是，坐在会场，我却很难受，为提问题的人和答问题的人焦急。我们中国的同行确实也都很诚恳，希望从雷夫那里找到我们解决问题的答案。但是太为难雷夫了，比如，有一个问题，提问者说，我们为雷夫这样关注每一个孩子而感动，而我们的西部与贫困地区的班额却很大，一个老师要教两个班，要有150多个孩子。继而问雷夫，这种情况下，我们应该如何去做？雷夫是第一次到中国来，前一晚上才从机场到会场驻地，对中国的情况，特别是教育的现状很不了解。雷夫也只能答非所问。我们要借鉴雷夫的做法，不是要照搬他所做过的一件件事情，雷夫也解决不了我们所提出的所有问题，我们不能以我们自己的思维习惯，去让雷夫回答问题，国情不一样，教育的背景不一样，是不会有现成的、直接的答案的。我们的老师更注重方法、手段和工具，往往忽视了心灵。班额多少不是最重要的决定因素，寻找通向孩子的心灵之路，与人多人少是没有多大关系的。

我们与雷夫们差异在哪里？对此，报告会期间，以及会后，一直萦绕我心。会上还有一个环节是安排一位中国的知名校长与雷夫对话。有两个对话回合，我可以叙述一下。主持人问了一个认为最重要的问题：请中美两位嘉宾说说各自国家教育面临的最大的危机是什么？中方的校长说：这很难回答，他认为中国当下最大的问题是过分夸大了教育的作用；一线教师的想法常常得不到上级的呼应。雷夫答：这是一个最简单的问题，他认为美国当下最大的问题是贫困，那些贫困中需要帮助的学生。另一个回合，主持人问两位嘉宾：如何让孩子喜欢你？中方校长举了一个例子。在学校的一次文化活动中，他听从孩子的安排，穿了怪异的海盗服在公开场合亮相，让学生喜欢。雷夫说：我从没有感觉到孩子们喜欢我，对我来说，学生信任我比喜欢我更重要。他俩的对话，同样让我沉思，其中体现了文化差异，这种差异绝不是个体差异，而是群体差异。我们老师总是习惯从自我出发，对上级部门呢，希望他们能主动积极回应我们，对学生呢，希望他们能喜欢我们。雷夫的回答，不假思索，却总是以学生为中心的，要让学生信任、信赖，为的是能多为学生做事、服务。我赞同这样的观点：注重日常生活，在日常的学习生活中，在坚持做好每一件小事中，真正走进孩子的心灵，走进孩子的世界才能找到最佳的教育途径、方法和手段。其他都是次要的，都是从属于学生的发展的。

雷夫是一位普通的小学教师，从教 27 年，从未离开过 56 号教室。他很喜欢马丁·路德·金在他那激动人心的演讲中反复引用的一首无名诗：假如你命该扫街／就扫得有模有样／一如米开朗基罗在画画／一如莎士比亚在写诗／一如贝多芬在作曲。做教育、做老师，就是都要有这样的一颗平常心，坚持、坚守，有耐心、有恒心，像雷夫们一样，把自己的一切都献给学生。

（2012 年 3 月 11 日）

"诗性教师"在哪里？

诗性教育是与诗性老师直接相联系的，我以为诗性的老师需要有
"生命的质感"。

　　越来越感受到，要办好一所学校，要实现教育的理想境界，唯有依靠老师。无论我们学校提出什么主张，回归也好，创新也好，都要依靠老师。这几年，我们一直推崇"情怀、担当、原创性"这三个词。当时还不热行"核心素养"，只是感觉到"情怀、担当、原创性"，是师生最重要的品行。这些年，我们提出并践行"诗性教育"，什么样的老师是具备"诗性教育"品行的老师呢？我以为就是具备"情怀、担当、原创性"这三样品行的老师，这是我们对好老师个性化的诠释。

　　"诗性教师"在哪里？是在理想中，还是在现实中？我们曾用三年时间，在教师中开展了一个活动：在校老师写自己的老师，出了一本书《我的老师》。人人回想自己的老师、人人写自己的老师。回想的过程，是回想自己做学生的过程。写自己的老师，写的过程是对教育、对教师重新思量、重新感悟的过程。作为校长，我带头回想，带头撰写。首先在骨干教师中提要求，然后在全校教职工之中推广，作为校本研修、教师专业发展的一项具体工作。我是这个学校的毕业生，对这所学校的历史、对这所学校的老师有比较深刻的了解、理解。这所学校，还有一个特点，在校教师至少

有四分之一是从母校走出去，又回来做老师的，文化的传承有自己的独到之处。费孝通是我们的校友，他提出"各美其美，美人之美，美美与共，天下大同"的"文化自觉"和"文化与自信"的思想，在我们学校尤为突出。

我在此做学生，一批老师影响了我。之所以最终选择文学与语言专业，不能说没有受这里语文老师的影响。我的初中语文老师是奚老师，高中语文老师是秦老师，两人各有特点，不同的特质都对我产生了影响。当时并没有意识到，若干年之后，回想起来，还真发现身上多多少少有他们的影子。我写奚老师，回忆了一个课堂细节：

奚老师当年给我们上语文课，具体讲什么，什么课文，我都记不得了。只她上课的语调舒缓，语音柔和，从不高声说话，生气的时候也是儒雅的样子，只是对我们叹息。她喜欢我，这只是我的感觉，她到今天都没有对我说过一句喜欢我的话。虽然，每年的春节或教师节的时候，我总是要去看望她。奚老师上课，眼睛总盯着学生。我总有一种感觉，奚老师的眼睛总是对着我，她讲课，提问题，总对着我，她感觉到我听懂了，才会把课文继续讲下去。多少年来，同学聚会，我总要讲这个感觉，无奈的是同学总要说我是错觉，他们也会说，奚老师的眼光总是对着他们的。去年学校召开教育研讨会，研讨什么是教育，我在会上讲了这些往事，讲了奚老师的故事。一个老师站起来发言，说：什么是教育？奚老师的那个眼神就是教育。是啊，好像有一个名人说过，什么都遗忘了，被留下的那个就是教育。说得多好，那几年奚老师的语文课，那个眼神留在我的记忆里、烙在我的心上了。那个眼神包含的是爱、是信任、是期待，那个眼神里有教育的全部艺术和技巧。

151

几十年过去了，奚老师在我印象中最深的就是这个眼神。我们要做什么样的老师，奚老师的眼神难道不给我们很大启发吗？专家学者说到教师的专业和教师的素养的时候，往往都能口若悬河，有无数条准则或标准，我以为从某种角度来说，都不如"奚老师的眼神"诠释得精妙、形象，让人直接领悟。我喜欢直观的表达，遇到某个场景，会让我联想、会让我深思，比如，那年我在挪威的"人体公园"，站在被称为"生命之柱"的雕像面前，我会产生这样的感慨：

每一个石雕人体，或铜雕人体，都是鲜活的生命。无论男人还是女人，无论老人还是小孩，都是神一样让人惊心动魄，又让人内心柔软的人。这个叫作生命之柱的雕像，一百多个男男女女，赤身裸体，向上攀登，把人性揭示得淋漓尽致。我曾去过那里，我曾站在那里久久徘徊。从各种角度，从各个方位去观察它。他们那些人，个个都是本真的，唯美的，超然的，他们的生命的呈现状态，以及呈现方式，被嫁接到了我们的日常学校教育之中来了，这就是"诗性教育"。

诗性教育是与诗性老师直接相联系的，我以为诗性的老师需要有"生命的质感"。什么叫生命的质感？像那生命之柱上的男男女女；像奚老师的眼神，就是有生命质感的眼神。我还写了高中语文老师秦先生，其中有一段是这样写的：

秦老师是一个书生意气的人。他一生著作等身，但是荣誉几乎与他无缘，我不记得他获得过什么荣誉称号。他是我们学校的一个博学的人，他对语文教学的理解，即使现在学校也少有人超越他，他是我们江苏省，乃至全国其他省份正在使用的初中和高中语文苏教版教材的主要编写者之一，但是语文特级教师与他无缘。他是一个"布衣"，身上没有"光环"。但他的人生高度，却是我们这些上苍"恩宠"有一点荣誉的人，所无法企及的。我曾与他很诚恳地探讨过这个问题。是去年冬天吧，那一天，他坐在我的办公室，靠在藤椅上，阳光很好，照在他的身上、也照在我的身上。他对我说：你现在提出的"诗性教育"得到了大家的认可，真生逢其时啊。你写诗著文，没有人反对你，还支持你，你是校长，有这个空间。假如你是一个一般的老师，你遇到了一个视野狭窄的校长，你非但得不到鼓励，还会说你不务正业。他说，有一年他教的高三毕业班，在那一年高考成绩是最好的，校领导很高兴，表扬他之后，又笑着说：假如你不写那些文章，或许你班的高考成绩还会更好呢。

有生命质感的人，还是丰满的人。内心的丰满与人生的丰富，对教师尤其重要，仅仅有态度还不行，仅仅有敬业精神还不行，仅仅有爱心也不行。

秦老师是一个丰富立体的人，也是一个真实的人。好老师的前提是一个真实的人，我以为秦老师与奚老师都是不同特点的"好老师"。奚老师、秦老师他们都是有情怀、有担当、有原创品性的好老师。什么是有情怀、有担当、有原创品性？夏老师、秦老师、奚老师等这样的老师不就是？好老师不是在书本里，不是在我们的梦想里，也不用到不可捉摸的未来去寻找，好老师就在我们身边，就是你、我、他，就是我们自己。

请在校老师写自己的老师，算不算有创意的活动？假如算，意义在哪里？——引导、启发老师寻找身边的美好，人人如此，相互成为相互的榜样，是一个相互发现、再塑造的过程，也是老师更加自律、自强、自觉的过程，这样的过程伴随着真、善、美。更是一种学校文化的塑造过程，包括教师文化的塑造过程。这样的过程属于润物细无声式的价值引领，悄无声息的，却引领老师们在文化浸润、情感体验中实现自身健康而美妙的生命成长。

（2017 年元月 5 日）

钱理群——"真是想想要哭"

一个人，一生只做一件事，这件事做成了就是大事、奇事。

钱先生一辈子只做了一件事：教书。

他应该说，是做成了一件大事、奇事。

　　两本钱理群的书放在我的案头。一本《我的教师梦》，一本《做教师真难，真好》，都是华东师范大学出版社大夏书系十年前出版的"旧书"。钱先生的著作众多，为何我选读这两本？2008年9月，钱先生曾来苏州，是被他的高中同学顾敦荣先生邀请而来的。顾先生曾担任苏州市教育局长十多年，我在教育局办公室，有几年曾"形影不离"。钱先生是北京大学著名的教授，研究鲁迅的知名专家，退休之后，关注中小学教育、关注教师，时有"石破天惊"的观点出现，令人敬佩。顾先生看出我有接近名人的愿望，于是趁钱先生外出讲学之间隙，邀请了钱先生来我们学校，给我们学生讲了场鲁迅，给我们老师座谈了一场什么是幸福的教师。那两天，我陪伴于"钱先生、顾先生"左右，朝夕相处。

　　坐在瑞云楼玻璃房内，三个人聊天，那时他俩也已年近七旬，可谈笑风生，一如年轻人。听他们回忆当年在南师大附中的学习生活，有趣而引人入胜。现在，翻阅钱先生的《我的教师梦》，那些书中的故事曾亲耳听他说过。《我的教师梦》是钱先生的演讲集，他2002年退休之后，于全国各

154

地关于教师话题的演讲集。开篇的一段话，却让我惊心：

> 我现在退休了，回顾自己一生的教师生涯，真是想想要哭，很多次让你要哭，想想又要笑，很多事让你笑，这就是生活的真实，教师生活的真实。

为何要哭？钱先生是一个很亲和的人，与人说话都是乐呵呵的。坐在他对面与他谈天，就如与一个和蔼的祖父或外公在闲聊，不知道"严肃"二字为何物？乐呵呵地与你说东说西，别人不笑，他倒先乐呵呵地笑了起来。当年他在南师大附中做学生的时候，叫"大头"，六十多岁回到母校，他的八十多岁的老师，还是"大头、大头"地叫他，《我的教师梦》中有此记载。钱先生大学毕业后去了贵州在安康的一所卫生学校当了十八年的中专老师。他说，那个时候，有两个梦想，一个是回南京他的中学母校南师大附中教书，另一个是去北京大学研究鲁迅当教授。在贵州期间，教书之余不忘阅读鲁迅，十八年之中竟然写了一百万字的读书笔记。后来，机会来了，我国恢复高考，也恢复高校研究生招生，1981 年他竟然一举考上了北大的硕士研究生。然后留校，然后被学生称为北大最受欢迎的教授，然后，退休。退休时，学生依恋、不舍。那一天，是 2002 年 6 月 27 日，钱先生在北大上完最后一节课。学生在网上发了一个帖子："钱先生一路走好。"很快就有无数的跟帖，可以用蜂拥二字。一群学生陪着钱先生在未名湖散步，走了一圈大家还不忍告别、离去。

钱先生还记得这个细节，那是他生命的重要节点。钱先生第二个梦想实现了，在北大当老师，但是第一个回南师大附中教书的愿望却没有实现。于是，退休之后，钱先生回母校为高中生上课。《我的教师梦》中的许多演讲我都是喜欢的，但最喜欢的，还是 2004 年 4 月 14 日，钱先生在南师大附中"附中论坛"上的演讲《我的教师梦》，我以为钱先生也一定最喜欢此篇，为何？他把这篇演讲的题目做了书名。也是在这次演讲中，他说：我现在退休了，回顾自己一生的教师生涯，真的想想要哭。钱先生在南师大附中为高中生开设了鲁迅课程。开始有许多学生，后来越来越少了，坚持了一年多时间。南师大附中的老师对学生说，钱教授是北大最受欢迎的人，他的课在北大是很难抢到能听上的。孩子们明白，但是他们很现实，回答说，钱教授讲的这些，高考是不会考的。等我们考上了北大，我们再去听钱先生的课。对此，钱先生似乎有些悲哀。他坐在那里讲这段经历，似乎是对他高中同学顾局长说的，似乎是对我说的，那时听他讲这番话的时候，并不感觉到什么，此刻从书中读到，心情却有些悲凉。

钱先生对"老师"的解读，有许多精妙之处。他充满着童真，完全是诗意的表达。他说，老师要有"黎明的感觉"，什么叫"黎明的感觉"？他说："每一天都是新的生活的开始，用孩子的初醒的好奇的眼光和心态，去观察，倾听，阅读，思考，从而不断有新发现的冲动和渴望。"他为南师大附中的学生上课，精心备课，他说，给大学生讲课，都没有这样用功。有一种敬畏的心情，提早几天就来到了南师大附中，酝酿、再一次体验中学生活，体验所谓的"黎明的感觉"。所以，钱先生在说了"真是想想要哭"之后，马上接着说"很多次让你要哭，想想又要笑，很多事让你笑"。

钱先生是鲁迅研究专家，鲁迅的两句名言，形容他也很适合："横眉冷对千夫指，俯首甘为孺子牛。"这两句如可以改动一下则更好："慈眉热对小人指，俯首甘为师生牛。"我面对钱理群先生那一副乐呵呵的样子，怎么也不能与那个文字深刻、犀利的钱理群联想在一起。乐呵呵的背后有双睿智的、洞察力极强的眼睛。"精致的利己主义者"是他创新的一个概念，那是对社会、对教育不同寻常的把握，对某一类异化了的人的典型性刻画。为什么会产生这类人？这是当下教育的悲哀。与教师有关吗？是的，教师有责任，教师也无可奈何。钱理群在《做教师真难，真好》摆出了很多的教育问题、教师问题之后，于《后记》中说道：

这就是我们所面对的问题——第一线教师主体地位与作用的丧失。在我看来，这是暴露了中国教育改革的根本问题的。它是一个自上而下的，依靠行政命令强行推动的改革运动。

寻找回教师的主体地位，现在其意义仍在。于该书中我看到这样的句子：传统艺人有"老老实实演戏，清清白白做人"的说法，我们也可以说，教师应当老老实实教书，堂堂正正做人。(《关于"现代教师"的几个基本理念》)说得何其好，主体地位的获得，因素很多，关系也很复杂，不过与自身能不能"老老实实、清清白白"有很大的关系。虚浮，是当下一些以教改、课改名义图私利的老师的品行。

《做教师真难，真好》中有一部分是钱先生为中学老师的出版物写的序。有几个我相遇过，认识。比如，陈日亮，福州一中的语文特级教师，第一届全国中学生诗会，他们校长李迅请他带队来了。李校长很推崇他，我也很尊敬他，看了钱先生对日亮老师的评价，一下子，让我领略了日亮老师的精彩。钱先生说：

> 日亮老师说了一句话，很耐人寻味：语文教师应该自己感觉是一个学者，而他人则感觉他是一个诗人。前半句好理解，语文教师不仅要熟悉语言学知识，而且要对汉语有自己的独特理解与感悟；后一句我理解就是语文教师对汉语，不仅要懂，更要像诗人那样，沉迷于其间，陶醉于其间，在把玩、吟诵之中，感到极大的乐趣。

什么是好的语文老师？从钱理群先生对福建陈日亮老师的评价的文字中，可以看出他的观点。他赞赏什么？钱先生重视"现代教师"这个概念，什么是"现代教师"？就看有没有"主体地位"！对比日亮老师，我们可以发现当下许多老师已经缺失了，怎么缺失的？钱先生在书中对王栋生老师

(吴非) 的《不跪着教书》大为赞赏。他肯定的是王栋生老师的"平常心、正常情"、有人的意识、健全的情感。他肯定的是王栋生老师经常喜欢用的"我喜欢"这个词,教育的快乐能自然地流露在每天接触到的细节之中。我认为,钱先生所肯定的陈日亮、王栋生老师的特点,即是他所强调的"现代教师"的内涵之一。

乐呵呵的钱先生,既是我们陌生的,又是我们熟悉的。陌生的熟悉,熟悉的陌生。他对教育的见解,既是现实的,又是理想的。他的说话方式的特点之一——亲和——与中小学老师对话呈现了这个特点,与学生通信是这个特点,十年前我与他的短短两天的交流,给我的印象,也是这个特点。

钱先生说:在岁末的宁静里,读到你的来信,竟有一种生命的柔和感。

他说:我觉得有你这样的追求、爱与智慧的老师,学生一定是幸福的。

他说:我们的教育过于僵硬、粗鄙,致使我们的孩子生命中太缺少这样的柔和感了,我们的教育太需要爱与智慧了。

他说:错了的不是我们的孩子,是我们的教育,是我们自己。

他说:不犯错误的孩子其实是可怕的,很多人当了一辈子的老师,都不会懂得这个道理。

他曾与一位高中生通信,他说:无论条件如何艰难,一定要坚持读书,它将把你带入另一种生活,以理想之光照亮你,使你不至于为生活的灰色、黑色所吞没。

他说:有可能的话,用日记、随笔的方式,将你平时接触的各色人等,形形色色,记录下来,这既是一种宣泄,同时也是生活的印记。

钱先生他没有子女,他把天下的小孩都当作自己的小孩,如父亲般与他们说话、通话、写信,有一种感人的大爱精神。如今,近八十岁高龄的老人,与他的夫人,年老体弱、年老多病,在哪里呢?是在养老院吗?在那寂寞的死气沉沉的院落里,又当如何呢?我体会到那样场所的无可奈何,那里的悲凉。我岳母曾在那样的环境中生活了几年。我去找她,中午,还不到中午,老人们一个个步履蹒跚地走出房间,手里拿着碗的,或没有拿碗的,搀扶着的,或者有些独立的,走到饭厅里,坐在那儿等待饭菜上桌,眼睛盯着从厨房端出的饭菜,视线齐刷刷地随饭菜盘子移动,饭菜上了桌,又一起盯着放稳的菜碗、饭碗。我去找坐着的岳母,穿过一张张桌子,老人一个个都会转过身,对着我看,我移动,他们移动。走进这样的场景,我很难过,说不出来的难过,心里有一种无法排解的郁结。这些老人,年轻的时候,都是热情的、活泼的,或者现实,或者浪漫,都有灵动、鲜活的生存状态,如钱理群一样。如今,我们熟悉的,或者不熟悉的,我们能不能像对待自己的父母一样,多去看看他们,聊聊天、说说话,就像钱理群先生曾给我讲座、写序、写书信那样的热心与热情。

一个人,一生只做一件事,这件事做成了就是大事、奇事。钱先生一辈子只做了一件事:教书。他应该说,是做成了一件大事、奇事。我曾去过沙漠深处,我曾在那儿逗留,我爬上沙丘,骑在沙丘的脊梁上。沙是流动的时光,我停留,它从不停留,沙也爬上了脊梁,一会儿又滚落下去,旧时光总被新时光取代,从丘顶被掩埋到丘底。此刻,我捧着钱先生的《我的教师梦》《做教师真难,真好》两本书,这两本书出版于十年前,正是我与他在我们校园相遇的时候,我似乎回到了十年前,坐在西花园,静静地与他俩(钱理群、顾敦荣)这一对老同学谈天说地,海阔天空地闲聊,那是一份宝贵的经历。

不过,此刻,也让我心痛。钱先生这句话一直萦绕在我的耳边,挥之不去:

> 我现在退休了,回顾自己一生的教师生涯,真是想想要哭,很多次让你要哭,想想又要笑,很多事让你笑,这就是生活的真实,教师生活的真实。我们正视它,又永远摆脱不了它,形成生命的一种缠绕,

而生命的真实意义就实现在这种缠绕之中。

钱先生，现在，您一切安好吗？

（2017 年 6 月 3 日）

第四辑

诗性视界

"啊, 美呀, 在爱中找你自己吧"

——我读亚米契斯《爱的教育》

一个老师, 假如没有读过《爱的教育》, 那他还没有读过真正属于教育自身的书, 那他也一定错过了真正的教育。

"如果错过了太阳时你流了泪, 那么你也要错过群星了", 这是泰戈尔《飞鸟集》中的诗句。我读亚米契斯《爱的教育》, 自然想到了它。如果, 我们错过了《爱的教育》, 一定会流泪。一个老师, 假如没有读过《爱的教育》, 那他还没有读过真正属于教育自身的书, 那他也一定错过了真正的教育。

读《爱的教育》还会想到苏东坡。苏东坡说过, 到苏州不游虎丘, 乃憾事也。一个老师, 不读《爱的教育》, 也 "乃憾事也"。我还想进一步引申, 再次来苏州, 不再游虎丘, 仍乃是憾事也。好风景, 会让人流连忘返, 好地方, 常来常新。好风景、好地方, 之所以会让人流连忘返、常来常新, 因为有内在的、无穷无尽的魅力。《爱的教育》, 是一本教育的经典, 作者埃德蒙多·德·亚米契斯 (1846-1908), 是意大利作家, 当过兵, 参加过抗击奥地利侵略的民族解放战争。胜利后, 退伍从事教育工作。《爱的教育》, 以一个小学四年级学生的视角, 讲述故事。作者在序中说, 本书的书名又可以叫作 "一所意大利市立学校的一个四年级小学生所写的一个学年的故事"。以日记体的形式来叙述，将"爱的教育"融入其中。

> 小花问道："我要怎样地对你唱，怎样地崇拜你呢，太阳呀？"
> 太阳答道："只要用你的纯朴的、简朴的沉默。"

读这本《爱的教育》，我会不时地联想到泰戈尔，联想到他的诗，那种爱的气息从文字间弥散到天地间，让人沐浴在爱的光彩之中。《爱的教育》是一个世界，小而言之，是一个教育的世界，大而言之，是整个的世界。

"小草呀，你的足步虽小，但是你拥有你足下的土地。"（《飞鸟集》）本书，以十二个月为单元，即十二个章节。一年四季都在其中。"每月故事"，是书中穿插的意大利抗击奥地利侵略战争中的故事，十二个故事，都是动人得让人要流泪的故事。爱国主义是一以贯之的主题。所谓"爱"，爱祖国是第一位的。这样的爱，在书中每一篇故事、每一个日记，都会让读者激动不已。

第一个故事《帕多瓦的小爱国者》，一个受尽苦难的帕多瓦，被人们同情，他接受了人们的"怜悯"，大家给了他许多钱，但是他听了酒后的这些人在说他的祖国意大利的坏话、侮辱他的祖国的时候，"小硬币一阵暴风雨一般哗啦哗啦地落在他们的脑袋上和肩膀上，落到桌子上和地板上。"当这几个人一怒之下站起身来，抬头望去，脸上却又挨了帕多瓦的另一把铜币。"把你们的钱拿回去！"帕多瓦轻蔑地说道。他猛地把头从铺位的帘子中间伸出来，"我不接受侮辱我的祖国的人的施舍！"

第二个故事《伦理学巴第的小哨兵》。读了心有戚戚然，为了望哨，一个可爱的、活泼的小男孩，本来可以逃走活命，却留下来，爬到树上去察看敌情，子弹呼啸而过，本来可以避开这些从自己耳边呼啸而过的子弹，却为了察看得更清楚，一次次暴露自己的身体，最后被子弹穿进了左肺，死了。

第三个故事《佛罗伦萨的小抄写员》、第四个故事《撒丁岛的击鼓少年》、第五个故事《爹爹的护士》、第六个故事《费鲁乔的血》等，这十二个故事，取材于作者所经历的抗奥战争，可歌可泣。这十二个故事，本身就是一个系列，是这一年所接受到的爱国主义教育，看似不经意，其实是一门完整的课程。

"爱就是充实了的生命，正如盛满了酒的酒杯。"（《飞鸟集》）这些小故事是对泰戈尔诗的最好的诠释。爱的教育，首先在于老师。在孩子眼里什么样的老师才是好老师——值得依赖、值得敬仰、值得爱的老师。一百多年过去了，似乎没有变，今天孩子们仍然是这个标准，孩子们眼里望出去的期盼、渴望，仍然是那种纯真、朴实。民族不同、国度不同，这种情感却是一脉相承的。书中《我们的老师》《我弟弟的女老师》《女老师们》《助理老师》《生病的老师》《我父亲的老师》等，写了一系列不同性别、不同年龄、不同性格、不同经历的老师，爱是他们共同的特点，只是表达方式各有不同。

《我父亲的老师》，写得真可谓一赞三叹。父亲得知自己的老师还健在，第二天要去看望他，竟然一个晚上没有睡着，期待，无以言表。老师八十多岁了，现在自己的年龄到了当年老师的年龄，那种情感，如同对父母般的情感。经过旅途的奔波，终于即将见到自己的老师，远远的有一个人走来，模糊、看不清楚，可是父亲一眼即认定是老师走来了。两人相见，老师从陌生到愕然、到惊喜，四十多年的岁月没有磨灭老师的记忆。点点滴滴，沉睡的往事苏醒了。什么是教育？这个场面就是教育。自然呈现的情景，是最好的教育情景。这样的场景，书中俯拾皆是。

"谢谢火焰给你光明，但是不要忘了那执灯的人，他是坚忍地站在黑暗当中呢。"（《飞鸟集》），老师不正是这样的人吗？

孩子们的世界是真实的世界，孩子们之间的关系，既是社会关系，又不全是社会关系。孩子是未来的成人，今天的样子，是未来的雏形。孩子的善恶标准，既取决于他们自己的内心，更取决于老师、家长的引导。书中不时会穿插爸爸、妈妈的话，都是精辟的话，生动又让人感动、感怀。什么样的家长是好家长？形形色色的家长、老师、同学都在此聚集。

"我们，萧萧的树叶，都有声响回答那暴风雨，但你是谁呢，那样的沉默着？""我不过是一朵花。"（《飞鸟集》）泰戈尔与亚米契斯，还有谁能比他们更为默契与共鸣呢？

读这本书，我会不时地回想，我曾经读过的当下国内我们一些教育人写的书。我们有像《爱的教育》这样一本书吗？用文学的笔触，写教育的故事。这些故事，即是孩子们平常的学校的教育生活。文学的又是直接反映教育本质的。可读性如此强，"永恒性"如此强。魅力无限。为何魅力无限？源于一个"爱"，心中有爱，眼里全是爱，表达出来的都是爱。我们当下的书，之所以与之相比缺乏动人之处，我以为"爱"不够。有些书，不乏有新颖的观点，说道理有余，讲故事不足。缺少故事的书，如同缺少故事的学校一样，枯燥、单调，面貌苍白，或教条，或说教，或自说自话、自言自语。

"如果你把所有的错误都关在门外时，真理也要被关在外面了。"（《飞鸟集》）我们今天的教育之所以缺少"爱"，是因为我们自身的"恨"太多了，缺少宽松、宽厚、宽容之精神。

当下的书，尤其是名教师、名校长的书，爱少、恨多。揭露的多、暴露的多，积弊、时弊，都在笔下。所谓站着、不跪，所谓挺直、不弯腰，所谓嫉恶如仇、所谓痛打落水狗，痛快淋漓、慷慨激昂。看着痛快，一篇是这样，两篇是这样，三篇是这样，这本书是这样，两本书是这样，三本书读下来，感觉"火气"重了一点，感觉有失大度、大气，极端了一点、偏颇了一点，总感觉缺少了一点什么。到底却缺少了什么呢？缺少了"爱"，缺少了像泰戈尔诗中的那种弥散在天地间的大爱精神。

"啊，美呀，在爱中找你自己吧。不要到你镜子的谄谀中去找呀。"

(《飞鸟集》)心中有爱，校园才有爱，老师有爱，学生才更有爱。《爱的教育》我之所以喜欢，有一颗童心，童心无忌。有一颗童心，童心纯粹。有一颗童心，童心坦荡。有一颗童心，童心斑斓。字里行间，每天的所见所闻，每天的感受，都是通过这颗"童心"，显露出来。

(2017 年 8 月 12 日)

心灵在心灵的世界里颤动

——我读苏霍姆林斯基《帕夫雷什中学》札记之一

爱、孩子第一、能融入孩子们的精神世界。我们今天做校长，是不
是也如苏氏那样？我们爱学生吗？像爱自己那样的爱？不是一种职
业的需要，而是一种发自内心的需求？

读苏霍姆林斯基的书，心灵会颤动。是一场心灵的旅行，走向森林、
草地、河流，在那美妙的自然世界里，寻找教育、寻找爱、寻找自己。

苏氏开篇即提出了一个问题：如何领导好学校？

我们大家想想：如何领导好学校？

这是他对自己提出的问题，校长们，我们不妨各自试图回答这个问题。
我们怎么回答？我们大家或许会提出我们的准则、途径、方式、方法。哪
些是最重要的？哪个是首要的？

我们不妨想一想，不要急于说出来。打开书，先看看苏氏是怎么说的？
然后，再说出我们自己的，然后再与之比较一下异同。有差距吗？差距在
哪里？

苏霍姆林斯基认为，校长领导好学校，除了需要精通教育学，要是教
育教学过程的能手（请注意有"过程"二字，意味着校长必须进入"实
质"、进入"细节"之中，而不能浮在面上），是一个好组织者、好教育者

168

和好老师（这意味着校长时刻不能忘记自己还是一个普通老师的身份，不能脱离老师队伍）。校长要具备最主要、最重要的品质，这个品质是什么？他说："就是，深深热爱孩子，有跟孩子们在一起的内在需要，有深刻的人道精神，有深入到儿童精神世界中去并了解和觉察每个学生的个性和个人特点的能力。"

爱、孩子第一、能融入孩子们的精神世界。我们今天做校长，是不是也如苏氏那样？我们爱学生吗？像爱自己那样的爱？不是一种职业的需要，而是一种发自内心的需求？我们在工作中时刻记住了"孩子第一"了？还是在研讨会上记住了？在总结材料中记住了？在论文提炼中记住了？我们有没有为了自身的利益，或者美其名曰为了学校的利益而在根本上牺牲了孩子们的利益？我们在学校的顶层上运筹帷幄，我们热衷提炼理念、推广理念，我们在多大的程度上，深入到课堂、课程，即深入到孩子们的精神世界之中，即从学校的日常生活之中，深入进去？我们热衷于集团化、热衷于规模，我们还记得几个学生的名字？我们走进课堂、或走在校园里，我们校长还叫得出几个学生的名字？得奖的孩子、学业成绩最优秀的孩子，我们或许还记得几个，那些极平常的学生我们还记得多少？我们深入到了几个孩子的心灵深处？我们走进了几个孩子日常的成长过程？与他们一起喜怒哀乐？一起激动不已、一起失落忧伤？

"只有当教育建立在相信孩子的基础之上时，它才会成为一种现实的力量。如果对孩子缺乏信心，不信任他，则全部教育智谋，一切教育和教学方法、手段都将像纸牌搭小房一样定然倒塌。"

我们还有什么可以说？什么叫爱孩子？——信任孩子。苏氏清澈透明的话语，本身即是一道清流，从心底里流出来，挂在教育雄伟的山崖上，成为一道美妙的瀑布。如此经典的名言，读了，接受了，可以一生受用。

"每个孩子的思想、观点、情感、感受、快乐、不安、悲伤、忧虑等都是一个独特的世界。教师应当认清并熟悉自己学生的这个精神世界，但他绝不能把他们当做研究对象来对待。教师应当成为孩子的朋友，深入到他的兴趣中去，与他同欢乐、共忧伤，忘记自己是教师。这样，孩子才会向教师敞开他的心灵。"

这段话如何？我们读到它，惭愧吗？特别是我们的一些所谓专家型、研究性名师、名校长。我们研究教育、探讨教育，寻找所谓的教育规律、课堂规矩、课改规律，常常把学生仅仅当作研究对象，还会美其名曰：科研、教研。当名师名校长们以学生为研究对象的时候，进入了孩子们的精神世界，与他们同欢乐、共忧伤了吗？许多人正因为以孩子们为研究对象，而做出了教育的成绩，我们如何评价这些人呢？苏氏不像一座巍峨的高山吗？横亘于教育的原野上，让人仰慕、警醒。

"有一次，在五年级一个班上检查家庭作业，文学课女教师叫起一个比较差的学生来。教师对这个学生造的两个句子感到不满意。她一句话没说，挥了一下手。这个孩子却为此哭了一晚上……随后我只好花很长时间跟这位教师谈话，证明她错了，向她说明，她这一挥手反映了她的教育观点——对待学生态度冷漠，不相信这个学生能做出什么好事，默认坏学生永远是坏学生这一错误观点。"

现在这样的老师仍然不是一个、两个，几乎每个学校都有，这样的老师、这样的做法，几乎每天都在发生，不是在一个、两个学校发生，几乎许多学校都在发生。我们老师明白这样做的严重后果了吗？这还在其次，我们的校长，面对这样的做法、面对这样老师的做法，是不是都处在无动于衷的状态？我们的灵魂有没有颤抖？假如，允许这样的教育在日常学校生活中存，我们还能算是一个称职的校长吗？这样的学校还能算作好学校吗？我们难道可以否认：在我们那些所谓的"好学校"中，这样的人与事，多少年来不都是司空见惯的？

《帕夫雷什中学》经典名句随处可见，让人感动又惊醒的教育故事，同样随处可见。苏霍姆林斯基之所以有这样的教育的理解、对如何做校长有这样的理解，与他的本色有关。他的本色如何呢？他是一个对自然世界极为敏感的人，他说："我焦急地等待大地回春。"他喜欢文学，他说："对语言的喜爱和语言美感，这在我们学校被视为文学教学中获得成功的决定性条件。"他喜欢读书，有丰富的藏书，他说："我有丰富的藏书，我选的只是那些具有重大艺术价值的著作。我想使这些书成为审美修养的标准。教师、学生、家长都来向我借书。"更难得的是他喜欢写作，他说："在我从事教育工作的岁月里，写了上千篇短文。每篇短文都是写自然现象、感受和体会的。"

至此，无须多说，苏霍姆林斯基之所以成为苏霍姆林斯基，答案基本在这里了。苏氏在《帕夫雷什中学》中，面对大自然、面对自己所面临的世界，他说他写了许许多多文章。苏氏不嫌其详，列出了标题，我也不嫌其详，抄录于下，以表达我由衷的敬意：

　　《日出时的露珠》《阳光照射在鲜花怒放的桃树枝上》《桃园》《葵花向阳开》《亚麻开花》《苜蓿遍野》《蜜蜂出箱》《秋日大自然的凋萎》《林间簌簌声》《河上黎明》《落日云雨》《林中雷雨》《夏日酷暑》《夏日蓝天中的云雀》《第聂伯河边浅蓝色的远方》《春汛》《小麦将熟》《几次亲眼目睹列维坦的〈桦树林〉》《秋日艳阳天》《林中早秋征兆》《草原夜静》《蝈蝈的音乐》《夜莺歌唱》《草原暴风雪》《秋日的阴天》《夏日的阴天》《积雪覆盖下的生命》《黎明时森林的苏醒》《林中道路》《草玉铃》《第聂伯河岸边的夏天》《基辅的栗树》《塔拉斯·舍甫琴科的陵墓》《野花花束》《少年植物爱好者》《星夜》《晚秋初寒》《柳枝上的霜》《池边垂柳》《篝火旁的夜晚》《小男孩怎样救出了小狗》《暖房里的葡萄果穗》《清晨严寒》《乌克兰土地上的白俄罗斯山梨》《洋槐花开》《苹果树开花》《八月之夜》《入秋初雨》《第聂伯河岸上的幼松》《古斯基福人陵墓地带阵亡将士纪念碑》《会见英雄

的母亲》《谷中丁香林》《沟中——土地的创伤》《小儿迈出第一
步——母亲的喜悦》《我的孩子们怎样在林中找到一只小鸟》《我们身
边到处都有好人》《我怎样无意中委屈了小男孩》《毕业晚会上的悲喜
交集》《会见过去的学生》《书——我的朋友》《书架旁的遐想》《栽下
你自己的一棵树》《身后要给世上留下美好遗迹》《什么是真正的友
谊》。

苏霍姆林斯基接着这样说："我有时把自己的短文和诗读给学生们听。
这给我带来一种愉快：能跟他们谈心，交换有关周围世界——大自然和人
们的感想。"太好了，这原来是苏氏以自己的心灵进入孩子们心灵的通道，
被揭示了。在苏氏与孩子们的心灵世界里，那里有森林、草地、河流，深
入其中，何尝不是心灵的旅行与洗礼。

(2017 年 8 月 13 日)

致敬的同时是忏悔

——读《向经典致敬》

这本书是一线老师写的，他们有切肤之痛，他们有真情实感，写书、读书，不是单纯的写书、读书。改变我们当下不合理的、不近情理的学校教育，才是本意。

永通先生是一位有见地的出版人，敏锐、理智、敢说敢编。他编的书一般都是不错的书。前不久，他在微信朋友圈里说，《向经典致敬》已出版，有没有愿意写评点的？我接了"绣球"。我留言说，我来试试吧。然后，我问：哪里能找得到这本书？几天之后，果然收到了此书。书一直放在我的书桌上，早晚都会对它看上一眼，有空还会拿起来翻翻。一个月过去了，两个月过去了，我仍然停留在早晚会对它看上一眼，有空翻翻。真有点像祥林嫂，祥林嫂是重复一句话，我是重复一个动作。永通兄竟然不催我，不催我，更让我不好意思。

好书是要慢慢读的，边读边咀嚼，回味，才是味道。一本书，一直想着，放下想着，拿起想着，一定有它的不寻常之处。《向经典致敬》六位教师对话孔子、叶圣陶、苏霍姆林斯基、杜威、怀特海、洛克六位教育先哲，似乎不匹配。六位老师虽然在当下教育界多少有些名气，不过与这六位大师比起来还是"草根"。这六位大师都如西藏高原的山峰，从遥远的古代，从西洋之地，一字排开，排到今天、排到我们面前，端庄、令人敬畏。翻了几次，直觉告诉我，此书有点像深圳的"锦绣中华"公园，天下的名胜的"浓缩精华"——世界教育史上的六大景观。

不过，我对浓缩版的名胜风景，总有些抵触情绪，尽管是什么全仿真，什么按比例缩小，总感觉会失去原有的韵味，缺少身临其境的鲜活的感受。因为是永通先生策划编辑的书，因为我在微信朋友圈中接过了"绣球"，我要进去认认真真观赏一番。六位先哲，多少我有些知道他们，六位对话老师，至少有一半我熟悉或相遇过。听听他们如何提问？如何回答？对话方式又是如何？比如，朱煜对话孔子，对话什么呢？人人都知道的孔子，如何对出新意来？一连串的问题出现于我的脑海里。本书体例，六场对话，每场三个段落，一个讲座，一封信，一组先哲箴言。讲座是六位"草根"讲给同行听，坐在他下面的听众老师听。通信，是与先哲通信。先哲有那么多的著作、精辟的语录，以自己的标准、喜好选择，能选到什么境界？我开始看朱煜上场，"亮相""表演"。没有想到，他站在我的面前，竟是那样的亲和，娓娓道来。他开口就说：

"永通兄希望我在这次活动中给大家讲讲孔子，我接受任务后就一直在想，用什么形式呈现、怎么讲，才能让二十多个老师都有发言的机会，最后就决定用小组合作的方式。从刚才的课堂效果来看，我的选择是正确的。"

我与朱煜想到一起了，原来他也是这般思考的，一下子拉近了距离。我见过他，两年前在大夏书系与弋阳教育局举行的一次读书活动中相遇，他给老师上示范课，人气很旺。不过，台下却是寡言少语。现在，我进入他的与孔子对话的章节，我似乎坐进了他的课堂。他与我们说孔子，就像对着他的那些孩子在说孔子。课堂上的气氛，课堂上的节奏，课堂上的提问、追问，真如身临其境。我一直以为，真正的好课，是没有标准的，标准是因人而异的，朱煜的标准，与于漪的标准就该不一样、与魏书生的标准不一样。一堂课哪怕都是老师一个人的声音，但是这个老师的声音中有一个声音，对孩子产生了一辈子的积极影响，我以为这堂课就是好课。

朱煜说：我父亲在我小时候经常讲"己所不欲，勿施于人。己所欲，也勿施人"。前者是孔子说的，后一句是朱煜父亲补充说的。说得何其好啊，朱煜说，这两句话是他阅读《论语》的一把钥匙，何尝不是为我们大家进入《论语》提供了基本的路径和方法呢？朱煜说孔子，有许多连珠妙语，其他都不说，单凭这一句，至今足够证明他上的这节《孔子》是好课了。《向经典致敬》的六场对话，场场有精彩的地方。"草根"有自己独特的视野与见解。关键是他们有实践有经验，有自己日常教育教学中鲜活的案例。他们能现身说法，亲切、亲近，那不是象牙塔里的专家所能企及的。我喜欢这本书的理由，不仅仅是有对六位先哲的精当的介绍、阐述，我更倾心于他们所讲的自己的故事。他们自己的故事与先哲的理论、理想，一旦结合在一起了，那种形象的、有感召力的当代意义就被立刻凸显了。

《向经典致敬》中的书信对话是很有趣的，与先哲对话，某种程度上说是自言自语。不过，语境创设得很真实，那是灵魂与灵魂的对语，是超越时空的人类内心的独白。王木春对话苏霍姆林斯基，他重点阐述了苏氏的教育民主、公平的思想，在苏氏眼里没有"差生"的概念。王木春在写给苏氏的信中，说了一件曾拷问灵魂的分班案例。他说：

"十九年前，我刚毕业五年，任教高二年级的尖子班。那年暑假，学校照例重新编班，这意味着，尖子班的少数学生将被分流到慢班。学生林东艺，数学成绩低，影响了总分，就在分流之列。他用十分漂亮的字体，写给我一封十多页的信，字里行间充斥着绝望、困惑、愤怒、哀求。我把信上呈给一位分管年级的领导，老领导看了信，说木春老师，我同情他，但我们也没办法啊，上头要升学率。这位学生毕业后，杳无音讯。"

永通兄为何要组织编写这本书？是要我们记住先哲的教诲，改变当下功利的教育现实。这本书是一线老师写的，他们有切肤之痛，他们有真情实感，写书、读书，不是单纯的写书、读书。改变我们当下不合理的、不近情理的学校教育，才是本意。王木春与苏霍姆林斯基的信中说了分班这件事。他自己也做过刽子手。他在信中忏悔：

"多年后，我也当了分管年级的领导，手中握有对学生的编班进行生杀予夺的权力。每年的编班，对我来说，都是一场噩梦，我总看到不少学生（包括家长）愤怒而悲哀无助的脸——他们知道，一旦到了慢班，几乎等于学校宣判了他们高考的无望。"

王木春的忏悔，不是一个人在忏悔，何尝不是我们整个教育在忏悔呢？向经典致敬，即是向某些丑恶的教育现实决裂。六位先哲的教育思想，都是整个人类的精神财富，博大精深，是高山是海洋，不是我们一下子所能领略的。六位老师也只是看了冰山一角，但是，他们给我们做出了好样子：怎么去读书？怎样去读经典？怎样从经典中汲取改变现实的力量？一本书放在案头，早晚能翻一下，长时间不忘却，我相信，一定是一本好书了。除了向经典致敬，我们还应该向朱煜、王木春等所有在学校第一线默默无闻的"草根"们致敬，他们是教育的脊梁。

（2017 年 5 月 25 日）

读书是幸福教师的密码

——我读汤勇《致教育》

教师有了幸福，就会怀揣理想从事教育，就会带着激情衷情教育，就会感受到工作过程是一种享受而不是一种奴役，是一种自我实现而不是一种单纯的付出，是一种心灵写诗而不是身心的桎梏。

最近，长江文艺出版社给我寄来了几本教育图书，一本朱永新先生的《致教师》，与此相应的还有一本汤勇的《致教育》，似乎像姐妹篇。读完《致教师》，找一个空闲再读《致教育》。边读边想，想什么呢？想一个县级教育局长怎么写了那么多文章？读了那么多书？一个局长的个性会让区域教育呈现个性，我去过阆中，不过我去看的是阆中古城，以及古城所呈现的文化，没有涉及学校。阆中的教育会是什么样子的呢？我还去过西充（西充紧邻阆中，都属于南充管辖），是因为民盟中央在西充搞一个教育活动，西充是民盟的创始人张澜的故乡，我们学校又是民盟前领导人费孝通的母校，或许由于这些因缘巧合，我在西充中学，面向整个南充地区的中学校长作了一场讲座。讲座过后，有一个提问交流环节，我感觉，那里的校长，异常淳朴。有些校长加了我的微信，我们成了微信好友。所以边读《致教育》，边想那两次阆中、西充之行，我总想找到其中的联系。天府之国、三国人物、唐朝诗人、乃至近现代张澜的典故趣闻，以及汤勇在书中讲述的教育故事，纷至沓来。

　　读书，要能理出头绪。从朱永新的《致教师》，到汤勇的《致教育》，一个学者、政坛高层人士，另一个基层教育管理者，他们面对同一个事物，视点一定有不一样的地方，表达制定有各自独特的方式。从书名来看，一个是讲述"教师"的话题，另一个讲述的是"教育"的话题。侧重点不同？果真如此吗？书中的序，往往是鱼龙混杂，有些书的序，是整本书的灵魂，包括他人写的序。可是，也有些书的序，不敢恭维，序者自说自话，东拉西扯，序与整本书几乎没有多大关系，有关系也是不即不离。有些名人之序，实际是他人代笔，只是让名人署名而已。《致教育》之序，有两个，一个是朱永新先生的序，一个是汤勇自序。朱永新是为汤勇的书写序的"专业户"，在此之前，为他的三本书写过序，此序是第四本了。因为汤勇的"不依不饶"，朱先生才"被迫"而就。朱先生认为此书与其叫《致教育》，不如仍叫《致教师》为好。此书无论讲读书、讲爱，还是讲质量、讲文化等，都是对教师说的，包括对青年教师、对校长，都是如此。可见，朱先生是一个认真的人，他的序是实在之物，是进入本书的"钥匙"。

　　一个心中有教师的局长会是一个什么样的局长？他是一个读书的局长。他是一个说真话的局长。他是一个能够认识教育本质的局长。他是一个知道什么该做什么不该做的局长。我读到下面这段话，心里直叫好。他说教师节、说劳模：

　　"教师职业精神很可贵，却充满着众多的辛酸和悲情。每年到了教师节，报纸、荧屏便会抽象并塑造出许多教师光辉形象，带病工作、病倒教室、跪着讲课、倒在讲台上、因过度劳累英年早逝。一个个凄美的教师形象，和着血泪教书育人，却让世人包括教师感受到的是职业的悲催和可怕。"（《教师幸福吗？》）

　　这是从一个教育局长嘴里说出来的话，当许多局长热衷于树立这样的典型时，他们直率地、尖锐地提出可怕的问题。

他说："教师不是苦行僧，教师也是人；教师不是神的职业，教师也是人的事业。他们需要养家糊口，需要生活生存，教师需要幸福。教师有了幸福，就会怀揣理想从事教育，就会带着激情衷情教育，就会感受到工作过程是一种享受而不是一种奴役，是一种自我实现而不是一种单纯的付出，是一种心灵写诗而不是身心的桎梏。"（《教师一定要先幸福起来》）

这些话，很平实，这些道理或许人人都懂，可贵的是一个教育局长的直言直说。许多局长，几乎是传声筒，上级怎么说，他怎么说，即使心里明白，他认为不该说的也不说，一副苍白的、憔悴的面孔——我说的是精神的苍白与憔悴。而汤勇理直气壮地做教师的"代言人"，不管何时何处，都站在教师一边。他说："我越来越坚定地认为，一个教师，是否优秀不重要，是否卓越也无关紧要，而最关键的是，是否幸福，幸福永远比优秀重要。"（《幸福永远比优秀重要》）说得何其好，有多少教育管理者有此觉悟？

汤局长告诫校长："校长都是从教师干起，从教师一路走过来的，想想那时我们做教师、最需要的是什么，最期盼的是啥，最讨厌的是哪些？我们最清楚，现在我们做了校长，应该怎样对待老师，我们最明白！不管任何时候，不管制订什么条条框框，不管做哪样决定，不管如何发号施令，都应该坚持将心比心，以心换心，学会换位思考，都应该带着情感和责任站在教师这边去掂量，千万不要不顾及教师的感受，千万不要目中无教师，千万不要不可一世、盛气凌人，这样我们的所有决策和安排能带着我们最美好的'初衷'而落地。"（《以人为本，让教师具有尊严感》）

这是局长对校长的要求，一个心中有教师的局长，他又是如何忠告教师、要求教师的呢？他以身说法，要求教师多读书。他追本溯源，要求教师教育有爱。他以"那片红树林"为喻体，要求教师建立"学习共同体"。

"教育的秘密就蕴藏在教育者自己的内心深处，教育者需要建立个人魅力，如果我们自己都不喜欢自己，甚至讨厌自己，别人能喜欢我们吗？"（《教师幸福密码》）

汤勇是一个真诚的人，真诚得往往能把话说绝对，因为他信。他信，所以也希望别人也信，他说得很真诚，所以，别人往往也信了。他说："你希望成为谁，你就一定要读他的书。你希望你像李希贵校长那样办孩子们喜欢的学校，你就应该读他的《面向个体的教育》，你希望像李镇西那样做老师，你就应该读他的《爱心与教育》，你希望你像于永正那样教语文，你就应该读《于永正我怎样教语文》，你希望像吴非老师那样做一个具有家国情怀的教师，你就应该读他的《不跪着教书》《致青年教师》，你希望像朱永新老师那样坚守教育理想和理想的教育，你就应该读他的《我的教育理想》《致教师》。"读谁的书像谁？好像有这回事，又好像不完全是这回事，不过，由于汤勇的诚恳，让坐在下面的老师，特别是阆中的老师，谁还能不相信呢？

我读《致教育》，我留意汤勇读过哪些人的哪些书。我做了一个统计，他分别引用了下面这些人的论述：

朱永新。朱先生的书他是必读的，是一个崇拜者，朱先生教育思想的一个核心，就是教师要读书。汤勇本质上是一个读书人，书生是他的人生底色。大学毕业分配到乡下学校，偏僻的校园宿舍既是办公的地方，又是睡觉的地方。坐在桌前读书，时间久了，脚底下竟然磨踩出来两个坑、两个脚印，上级考察他，到了房间，看到了这两个脚坑，什么也没说，就把他调去了组织部。读书是他人生真正起步的地方。他的人生趣味与朱先生契合，无怪乎，朱先生在序中说："这些年来，我一直见证着汤勇的成长。他不断阅读，不断反思，不断写作，让自己的每个教育日子都特别有意义，让自己的教育人生也特别多姿多彩。"（《阅读写作成就教育人生》）

他读曾国藩。他在本书第一讲"读书成就美好"开篇就引用曾氏的话："人之气质，由于天生，本难改变，唯读书则可变化气质。"进而汤勇发挥说道："一个人的精神境界、一个人的内心世界、一个人的品位完全取决于他读不读书，读了多少书，都读了什么书，读书可以决定一个人的气质和

面貌。"（《我对读书的认识与理解》）

他读曹文轩。他说了曹文轩讲的一个故事：曹先生去鲁迅故里，他去一所小学给孩子们讲座，他对孩子们说，你们这里出过一个名人，孩子们得意地说是鲁迅。然后，曹文轩说了一番话："鲁迅这个长得太一般的小老头，他如果不是一个读书人，他走在绍兴的大街上，你们也许不会拿眼睛看他一眼。可就是这个老头，在他的身上有一股强大的力量和气势，这是哪里来的？那就是书本给他的。"（《我对读书的认识与理解》）

他读弗吉尼亚·伍尔芙。弗吉尼亚·伍尔芙是英国作家，汤勇在书中引用他在《普通读者》中的一段话："上帝看到腋下夹着书的读者走近时，只能转过身来，不无欣羡地对彼得说：瞧，这些人不需要奖赏，我们这里没有什么东西可以给他们，他们一生爱读书。"（《不读书，我真的没有勇气走向未来》）

他读费尔巴哈。费尔巴哈是一个哲学家，他同样给了汤勇理论的支撑。费尔巴哈说："人就是他所吃的东西。这里所说的吃的东西并不是指的物质食物，不是说人吃什么物质，他就成为什么人，而针对的是书本、精神世界，也就是精神食物。"（《能给心灵放假的唯有读书》）

我仅仅把书翻到了十九页，就见汤勇在书中引用了这些哲学家、教育家、政治家、军事家、文学家的论述。平时读书多，信手拈来，运用自如。他做局长可以不应酬，很少出去吃饭，他做局长，会议多，可是他很少参加会议。一个独立特行的人，能被大家接受，特别是他的领导以及管理层能接受，假如没有自己的底色、没有自己的底气，如何做得到？他有这股"傲气""豪气"，还是因为他读书，因为读书，让他成为一个清醒的人，成为一棵大树傲立于教育的原野。

汤局长领导下的阆中教育是什么样子的？我没有看过阆中教育，但是我看过阆中古城。保留得原汁原味的阆中古城，让人产生遐思。无论是历史异踪、风土人情，还是街衢商铺、门楼河埠，传统小吃无不透露出当年蜀国的样子。那里古风尚存。我去过阆中不久，从朋友圈里得知，中国陶行知研究会即去那里召开了会议。会长朱小蔓到场，朱先生是我十分敬仰的教育家，她认为阆中教育人且读且行、且读且思，成功破解了素质教育推进、教育均衡发展、乡村教育出路三大难题。此刻，我在这本《致教育》书中读到了汤局长的记述，那次会议名称叫《"阆中朴素而幸福的乡村教育"全国现场推介会》。阆中教育，被朱小蔓会长称为"陶行知生活教育在今天的一个示范和样板"。朱小蔓先生的话，我信。

(2017 年 8 月 2 日)

他在桥上，一边是山一边是湖

——我读黄全愈《素质教育在美国》

此书是一个对中国教育、美国教育都有比较专业认识的人的认识，他具有两个优势。一头是中国教育、一头是美国教育，他在桥上"看风景"。

我读这本书，心情很复杂。这是黄全愈于二十年前写的书，二十年后再版。二十年前，人们对美国的中小学教育不是很了解，同样美国人对中国的基础教育尤其不甚了解。二十年过去了，情况发生了重大变化，中国教育已经不是二十年前的教育了，人们对包括美国教育在内的世界教育，相对来说，已经比较了解了。我在这二十年中也先后去过三次美国，考察、了解、交流美国的教育状况。

"素质教育"的概念是中国的概念，是中国语境的产物，美国人几乎不知道"素质教育"为何物，如何还能说："素质教育"在美国？二十年前，我在苏州市教育局、外政策法规处等部门工作，一度参与或主持素质教育的有关文件的起草、撰写。按照本书的说法，那时大陆几乎还没有谁能对素质教育说得清楚，特别是在实践层面解释清楚。真是惭愧至极，我竟然二十年之后才来读这本书，表明我之前做的工作，或许都是做的无用功。

一本书，假如二十年之后，仍有价值，社会以及教育发生了重大变化之后，仍有价值，可见此书一定"非凡"。《素质教育在美国》是这样一本书吗？带着疑问，我手捧此书。整整三天，从头至尾，认真阅读。从模糊到清晰，我竭力试图回味此书的直觉性感受。为何此书要用"素质教育在美国"这个书名？既然，美国人不知"素质教育"为何物，为何还要用此概念？是不是有以我们中国的思维方式与习惯，强套美国的教育，主要是中小学教育？

我以为"素质教育"，是我们不得已而使用的一个概念。它的内涵就是"教育"本身所具备的内涵。因为"教育"和概念异化了，离开了自己的"本意"，不能不在"教育"这个词之前，加上修饰词，把"教育"拉回到原来的位置。所以《素质教育在美国》，其实就是《教育在美国》。什么叫"教育在美国"？不合我们的语言表达方式与习惯，不就是说"美国的教育"吗？我的这些疑问，是善意的？还是我带有成见？

此书是出版此书的长江文艺出版社的责任编辑施柳柳寄给我的。一个月内收到一本，过了不久又收到一本，先后给我寄了两次，可见她的喜欢。我在微信上，与她讨论，我告诉她，这几天我将阅读这本书。我问她：你认为这本书，最大的特点是什么？她略加思索，回答我：真正的系统地介绍中美两国的教育差异。书中很多故事是很耐人寻味的。原本我以为，此书是一本侧重理论的书，读起来会很单调、枯燥。竟然有一些耐人寻味的故事。果然，进入此书，就是故事。他的故事极少道听途说得来的案例，而是亲身经历。主要是讲述儿子矿矿进入美国教育所遇到的"碰撞"。很有趣，读到讲故事的章节，似乎在读"小说""散文"。作者是一位留美二十多年的学者，是中国恢复高考之后的第一届大学生，与我同届。他去了美国，我就在中国。我在农村教过书，真正的农村中学，教语文，还兼教历史。五年时间，农村的教育状态，我是亲身有感受的。那样的教育按照黄全愈的观点算不算教育？或者说算不算"素质教育"？我在城里当时的城乡结合部教过书，教语文。做班主任、做少先队大队辅导员、学生处（当时称政教处）主任，七年时间，大家一起，把一所新办的学校，办成苏州西部的一所优质学校。学生虽然很少有做科学家的、成名的、官场有成就的，不过现在绝大多数人，都生活得很快乐，做了平平常常的"普通人"。当年，我们给予他们的教育原来是有很多缺陷、弊端的教育？后来，我做教育局的处长，在苏州这个微观区域研究、探讨如何推进"素质教育"，十多年的努力，也是做的不是真正意义上的"素质教育"？到苏州十中又当了十五年的校长，提出"诗性教育"的主张，竭力推行，竭力在日常的学校生活中呈现。对照此书的一些观点，原来我们的做法，仍然是不彻底的、不全面的，属于改良的、小修小补的"素质教育"。

说实在的，我读完此书，我还是没有资格评述此书。黄全愈写完此书，接着写了一个系列。这次长江文艺出版社系列出版，共八本，另七本是：《素质教育在美国2：这样教孩子更有效》《素质教育在美国3：玩的教育》《素质教育在美国4：智慧孩子是怎么炼成的》《素质教育在美国5：走出家庭教育的误区》《素质教育在美国6：你也能够上哈佛》《素质教育在美国7：放开孩子的手》《素质教育在美国8：我们是怎样把孩子教傻的》。仅仅看书名，就会明白，要真正了解黄全愈先生所说的美国的素质教育，或者说，中国与美国的素质教育真正有多少差距，一定要读完一个系列。

作为个人的读书所得，读一本，说一本感悟，想想也未尝不可。合起书本，我闭目沉思。黄全愈所说的美国教育，是美国人自我认同的美国教育吗？一个有着深厚中国文化背景，包括教育背景的中国人，进入异域之后，一切都是不一样、一切都是新鲜。那种"初感""直觉"，或许都是真实可靠的，加上他的细致入微的分析、归类、比较，从感性到理性，然后得出"规律性"的结论——确实很有意义，此书是一个对中国教育、美国教育都有比较专业认识的人的认识，他具有两个优势。一头是中国教育、一头是美国教育，他在桥上"看风景"。

回味书中讲述的故事，哪几个故事留有深刻的记忆？哪几个故事对我启发最大？触动最深？第一个故事，儿子矿矿学绘画。他有绘画的天赋，三岁画的竹子能让美国教授信以为是名人作品，极像。到了美国，于课堂学画画，美国孩子，乱画一气，没有规则、规范，矿矿受不了，几乎不想再踏进美术课堂。孩子说，"老师根本不教绘画，一点都不教！每次都是给一个题目，就让我们自己画，想怎么画就怎么画，爱怎么画就怎么画，老师一点不管。画完了。老师就知道'好哇！好哇！'好什么好？"黄先生做了认真地观察，并深入思考。他说，这涉及一个教育的根本问题，即创造性能不能教？画画，中国孩子追求的是"像不像"，美国孩子追求的是"好不好"，接着他比较，说："回答'像不像'的问题，更多的是直觉的逻辑思维，回答'好不好'的问题，则完全可以是幻想世界里的形象思维。"然后，他又说："把技能看成创造，这是许多中国教师认为创造性可以教的原因之一。"并判断，儿子的中国式绘画，"长此以往，他的绘画过程就仅仅是一个由眼睛到手的过程，他的眼睛里有画，心里没有画。而眼睛里的画只能是别人的画，只有心里的画才是自己的画"。从这件小事，黄先生想说明的是：中国传统文化重"教"，而创造性是不能"教"出来的。

"谁来射点球？"矿矿在一场球赛中，到了射点球的关键时刻，明明心里想自己射点球的技术最好、把握最大，想上场，可表现出来的却是满不在乎，等待老师"请"。中国文化的矜持、内敛，让美国老师以为他没有想法。结果他没有出场，结果他所在的球队输了这次比赛。黄先生很生气，认为教练偏心，有意不让矿矿上场，而让另一个老师的子弟上场，差一点闹一场误会。美国教练说，自己没有愿望、自己没有信心，怎么能战胜对方呢？其他故事还有，矿矿要不要"竞选班代表"，能不能"投自己一票"等，都是要求老师或学生要有自信心，需要自己主动表达。还有那些"有没有统一的是非标准""要不要教育孩子什么是对，什么是错"等问题，都与我们的现行理念有碰撞。想当初，我们是没有标准化考试的，所谓标准化选择题，在我小时候是没有的，考试一般都是主观性的表达题，怎么到了现在，这种有标准答案的教育方式、考试方式，又成了中国的专利？想想还真有意思。黄先生说："在美国的校园里，没有观点的对错，只有观点的不同，于是，才有师生间平等的争论。"

比如，对"龟兔赛跑"的寓言故事的解读，美、中就有很大的差异：我们的老师更愿意孩子们从这个故事中得到深刻的蕴含。而美国的老师却更注重要孩子们去学到兔子比乌龟跑得快得多的科学知识。这能不能说，我们重视人文，而美国更注重科学？是不是应该引起我们深入思考？黄先生说："如果我们把入学看作赛跑的起跑，毕业当成赛跑的终点冲刺，那么我们的招生制度和分配制度恰恰与赛跑的常理常识相反——在起跑线上对竞争者择优汰劣，而不是在终点线上判断输赢。"

黄先生的一番话，瞬间让我警醒。比如，所谓的"状元"，今天的内涵，与原有的内涵发生了什么变化？古代的所谓"状元"，是在整个学习过程的"终点"做出的评价、选择，而今天的"状元"仅仅只是还没有进入"高校"学习那起点上的状态而已。

在细微之处比较，在细微之处微言大义。打一个比方，假如中国教育是一座山的话，那么美国教育则是一口湖。我还是要说，中美有差异，可以不可以用美国教育的一个原则来衡量？没有观点的对错，只有观点的不同。是不是在某种程度上说，中美的基础教育，也没有对与不对，只有不同？我几次去美国，发现美国的中小学越来越在乎中国的教育、中国的学生。他们对我说：现在美国教育"中国化"，我则回答：中国教育正在"美国化"。自然世界本来就是事物的相互影响与渗透，你中有我，我中有你。此刻，我正站立于太湖西山岛上的鸡冠山上，说我在山上，还是在湖中？湖中有岛，岛则是山，山中又有湖。山湖相连，才成美妙的景色。

书在结尾之处的几个地方的发问，是振聋发聩的，请允许我引用其原文，结束我的此阅读札记：

中国的中学生年年能获得国际奥林匹克知识竞赛的各种个人奖和集体奖，为什么没有任何一个中国高校的成人能获诺贝尔奖（2015年产生一位）？

智商极高的学生可以赢得国际奥林匹克知识竞赛奖，但是唯有创造力极强的人才具备获得诺贝尔奖的前提。

我们对素质教育的认识有偏差，以致让应试教育误导了一个可以引起创造性思维的种子发育不良的误区——以为开发智力就是素质教育的最主要内容，或者甚至是全部内容，并有意无意地用开发智力来替代培养创造力。

（2017年8月6日）

为了灵魂的丰盈而阅读

——我读朱永新《致教师》

> 阅读能让人"成长"、阅读能让教师回归幸福之门。幸福之门内，有
> 我们的创造、有我们在服务中的快乐、有我们在教育科研中的新的
> 发现与提升，我们相互激励、相互影响、相互促进。那才是真正的
> 教育生活、教师生活。

我读朱永新先生的书，如同面对一位朝夕相处的朋友。朱永新先生是当下很有影响力的教育人。我曾在东北的某一个城市某一所学校里走着走着，猛一抬头，墙上挂着朱永新先生的教育警句。这些警句可与爱迪生、牛顿、祖冲之等这样的古今中外的名人名言放在一起啊。这些话，或为师的格言，或为学的格言，在我看来，似乎是很平常的句子，却又为何大家这么"崇拜"呢？

此刻，我读朱永新先生的《致教师》（长江文艺出版社新教育文库丛书2014年修订版），从不经意开始，到专注。从随意翻翻，到一段一段地做札记。

朱先生我比较熟悉。三十年前他在苏州大学做教授，我在中学做老师，曾间接着跟着他做课题。后来他担任苏州市副市长，分管教育。我在办公室做主任，经常间接地接受他的任务办事、办会、办文。为他的讲话、文

稿、文案提供草稿。审美亦会疲劳，我看朱先生平易近人，没有官架子，也没有大教授的架子，因而，缺少特别的敬畏。

我记得邓拓的夫人曾写过一文，怀念她的丈夫。她整理邓拓的文稿，一篇一篇地读，竟然才发现邓拓如此渊博，如此有才气。然后，感慨地说了一句话：家里的菩萨是不大的。生活于自己身边的人，往往会被忽视，被日常的琐事所淹没其"光彩"。此时，我读朱先生的《致教师》，那是他离开苏州到北京十年之后，我专心致志阅读的第一本教育专著。尽管之前也读了不少，但那都是零碎的。现在见了面，仍然叫他朱市长，不喜欢叫他朱主席。他在苏州任内，不时会带中外的教育名人来我们学校，或举行活动，或参观交流。他常常自己请专家，组织教师听讲座；或开书目，鼓励一线教师读书。当时，我感觉这个市长是不是"抓小放大"了？可是经过这么多年来的风雨经历，岁月证明，他是真正抓到了"教育工作"之根本。

有两个教育名人是朱市长带到我们园子里来的。一个是高震东，一位老人，出生于山东潍坊的台湾人。他创办了忠信学校，融普高与职教为一体，办学三十余年，实现了升大学、就业、没有犯罪记录三个百分之百。走在校园里，他看到一草一木，都洋溢着古典的吴文化气息，停下脚步，对朱市长说，你当市长不如在这里当校长自在。让我瞬间触动。另一个是李希贵，一个年富力强的人。当时他还是潍坊教育局长，给我们作过报告之后，在瑞云峰下合影。他踌躇满志，活力四射。当时，似乎讨论过名校名校长的话题。这次我读朱先生《致教师》中的《坚守才有奇迹——如何在压力下坚守》一文，让我回忆起，那次他似乎也对我警醒过，他说：

"我经常对许多城市的名牌学校的校长说，你得意可以，但不要忘形，因为不是你的教学水平特别高，而是你的学生造就了你和你的学校、你的老师。说句老实话，把这些重点学校的孩子放在哪里，他们都会很好地发挥，因为在多年的教育中，他们已经养成了自我学习、自我教育、自我发展的习惯。真正见功夫的是，你要把差的学生教育好，把差的学校管理好。"

高震东校长的学校，没有得到所谓最好的教育资源，主要是生源，但是，他实现了三个百分之百。朱先生的告诫是有道理的，是对教育正义的呼唤。我相信所有名牌学校，包括现在李希贵当校长的十一学校，包括衡水中学、人大附中，乃至像我们这样有些底蕴的百年老校，都会是"醍醐灌顶"。

读完一本《致教师》，我读出来的是三个关键词：阅读、成长、幸福。朱先生的教育观的核心是教师，朱先生的教师观的核心是读书。阅读、成长、幸福，是一条线，或者说是一个系统体系。教师在阅读中成长，阅读是教师灵魂层面的事。一个教师真正地成长必须拥有一颗高贵的灵魂。只有拥有高贵灵魂的人，且与美妙的肉身结合的人，才会真正的幸福。朱先生提倡"新教育"，纵观全书，结合日常的所见所闻，我以为本质就在于此。

朱先生说："从精神发育来看，很大程度上人的精神世界由他阅读的图书塑造，读什么，你就会成为什么。读书，让我们有一个宁静的心态，从容的心情，理智的头脑，开放的情怀。"（《站在大师的肩膀之上——如何进行专业阅读?》）

在《新教师的"吉祥三宝"》中，朱先生认为与其参加培训，不如自己读书。他说："现在的许多培训，要么是炒冷饭，要么是离一线老师很远，那些担任培训的老师，对中小学情况不甚了了，对一线工作更是隔靴搔痒，讲授的内容无法解决实际问题。"

说的何其好！有些地方，有些教育部门、有些学校，所谓的"培训"，或者是为了完成任务，走形式。有的"塞私货"，为自己、为所谓的专家铺设功名利益的路途，大量浪费老师的时间。有的教师被"培训"牵着鼻子走，自己成了别人的容器、工具。教师要有自己的"坚守"——内心强大的"坚守"。如何"坚守"？朱先生认为就是"阅读"，所谓的"新教育"的"吉祥三宝"之一。如何阅读？朱先生说："师生共写随笔，是教师和学生在生活中互相编织，用文字记录生命的成长。单独对教师而言，就是要求教师通过教育日记、教育故事、教育案例分析等形式，记录、反思自己的日常教育生活，使自己更自觉地成长。一个人的专业写作史，就是他的教育史。"（《做一株伟大的芦苇——如何学会思考》）

思考，在阅读中思考，思考就是对话的过程，与书本对话，与前贤对话，与优秀的传统对话，甚至与自己对话，与自己的内心对话。对话是思想的过程，是产生思维新物质的过程。这样的阅读对教师来说，才是有效的阅读，是朱先生的所谓专业阅读。由此，给我带来思索。朱先生所提倡的专业阅读与当下时尚的"教师专业发展"是什么关系？朱先生的关于教师、教师发展的理解，与我们一般意义上的理解有何根本的区别？支撑朱先生的教师观的核心理论的闪光点安置在一个什么高度上？

朱先生的表达方式与当下其他"流派"，即"新教育"与"新基础教育"、与"新学校"，有什么不同，有本质的不同吗？为何"新教育"的影响会如此之大？朱先生的文字很朴实，可为何对老师，特别是对农村、西部地区、后发地区的老师的影响如此之大？因为，朱先生的教育主张切中时弊。一段时期以来，教育功利化日趋严重。学校教育就是"程序"，就是"流水线"，教师蜕化，成为程序管理员、流水线上的操作工。无丰富完整的校园生活，无美妙的教育精神生活。如此日积月累，教师的状态如何？何来幸福？什么才是教师的幸福？

朱先生说："幸福的名言妙论尽管各不相同，但基本揭示了幸福的基本特征——幸福应该是在创造中的，幸福应该是在服务中的，幸福应该是在研究中的，幸福应该是与别人分享的。教育，恰恰是具有这些共同的特征，因此，教育是让人们幸福的事业。"（《教师的幸福从哪里来——如何享受你的教育生涯?》）

阅读能让人"成长"、阅读能让教师回归幸福之门。幸福之门内，有我们的创造、有我们在服务中的快乐、有我们在教育科研中的新的发现与提升，我们相互激励、相互影响、相互促进。那才是真正的教育生活、教师生活。日常的幸福，才是真正的生活。前几天，我边阅读《致教师》，边体悟当下我们学校自己的校园生活，我在微信朋友圈里，写下了这么一段话：

> 学期教职工大会，开成高三教育教学总结大会，五位老师上台发言，水平之高，可以在任何全国教育论坛上演讲，感动人。有一个女生叫姚竹韵，初中时精神接近崩溃，成绩差，她自己说连家教都不愿意收她补课。这次在文科排列中获得全省三百九十六名。会前，是教职工的文娱小演，成为传统。最后一个议程，为暑期生日的老师发蛋糕，集体为他们过生日。——快乐的学校如家的日子。

这是不是朱先生的教师幸福观下应有的状态？放松、紧张、快乐、严肃，丰富多彩。教师大会，成为教师"专业写作"交流的平台。鲜活的案例，既能感动演讲者自己，又能感动听众。在平常中呈现出平常。当然，我们离朱先生阐述的境界还有相当的距离，当须努力。朱先生属于"江南的山水"，是江南山水之中的佼佼者、不可多得的风景。我之前属于孤陋寡闻，见山不识山，见水不识水，如今我明白，菩萨是最平易近人的，看上去不像大师的大师才是大师。

（2017 年 7 月 4 日）

清流、激流，皆是"临场智慧"

——读《张文质说1·教师的微革命》

读张文质的文字，能体会到他的学术、涵养。他善于与他所生存的
世界接触，他的接触与众不同，他的接触就是汲取，就是交流，就
是付出，就是对话，就是创新出新的想法。因而，他的文字灵动，
他的表达方式灵动。

　　张文质的思维，以及他的演讲、他的文字像一股清流。读这本书——
《张文质说1·教师的微革命》，我一直在思考这个问题，假如可以打比方，
他——张文质的思维、演讲、文字，像什么？像树？草原上的？沙漠里的？
深山里的？似乎都不贴切。唯有"清流"二字可以概括：读他的书不累，
轻松，可以站在岸上，看这股清流从身边流淌，从远方过来，不急也不缓，
流过身边，又向远处流去。读书，如一个观赏者，享受着美妙的风景。比
如，听他在深圳光明中学讲"教师的本分境界"，与他一起站在"民间的立
场"，与他一起感受中国教育，以及感受这所学校的历史。时而古今中外的
典故、典籍，娓娓道来：什么法国哲学家艾德加·莫兰，什么《史记》，乃
至自己的《教育是慢的艺术》、教师喜欢的《教师博览》杂志。最后，听他
恳切地建议：从明天开始，我们能不能让课堂有一些变化？听众，或者读
者，不由得随他进入角色，把自己摆进去。这时候，听众或者读者，谁都

不是一个单纯的欣赏者：不会停留在岸上了，而是坐着一条小船，于这股清流之中，一同驶向远方。这时候，所有人都是参与者，都是同路人。忘记了自己的不足，自己的缺陷，成为一个阳光而自信的人。

> 我是一个矮个子，但我希望成为一个有魅力的矮个子，这个魅力会使你忘记我是一个矮个子，或者说你哪怕再高大，你跟我站在一起的时候，你并不觉得我是一个矮个子。也就是让自己生命中内在的力量能够放射出来，然后你就会越来越接纳、肯定自己。

说得多好，多诚恳。读者或听众，会受到感染，会主动把自己与他融为一体。那就是魅力，张文质的演讲或文字有这样的魅力。他的魅力不是雕琢，不是做作，是自然的呈现。教育最可贵的状态是什么？就是自然的呈现——教师自然呈现，学校自然呈现，学生自然呈现。

以前我也读过张文质的书，给我的印象：他是一个灵动的人，因而他的书也是灵动的。这只是直觉。现在，开始读《张文质说1·教师的微革命》，更印证了我的想法。正如书名所说，本书的一个最大特点，是"说"出来的，而不是"写"出来的。有一种流动感，动感十足。有现场感，存在感，不仅仅是"清流"，有时也如急流汹涌，激起浪花，竟是骇人。

比如，他在论述"教师影响力"的时候，是那样的犀利：有影响力的老师"绝不可能从今天这样的评价制度底下产生出来"，并举例说所谓的优质课、论文，以及层层选拔来评选各种"优秀教师"，都是荒诞不经，他还果断地界定其为"反教育的行为"。他说："一个人在体制内得到的荣誉越多，他所独立表达，发出自己的声音的可能性就越少。"（《教师的影响力从哪里来》）他说："今天有很多全国性的'名师'，四处讲述他们的成长轨迹，我并不关注这些，我甚至觉得，他们除了某一些勤奋和坚持之外，并没有什么值得借鉴之处。"这些话，我们能够接受吗？那些有些荣誉、有些名头的人，接受得了吗？我相信，不管我们能不能接受，一旦洪流奔腾而下，或者跳入激流，与激流共汹涌，或者被激流所吞噬、淹没。

我说张文质的演讲、文字如清流，如激流，是有源头的。他博学，又能触类旁通。他提倡教师要有"临场智慧"，他自己何尝不是一个具有"临场智慧"的人？什么叫"临场智慧"？"不断地把你的知识转化成在现场教学过程中解决问题、促进思维、鼓励学生成长、化解矛盾、升华智慧的一种素养。"张文质引用加拿大教育学者马克斯·范梅南的观点，他说："教师上课，凡是事先准备好的都不叫智慧。什么叫智慧？——在现场，面对具体的问题产生的理解力和处理的能力，这叫智慧。"（《教师应具备怎样的素养》）我佩服张文质的"临场智慧"，本书几乎所有的篇目都是"临场智慧"的产物。张文质的讲课多是"生成性"的，不是预设的。

比如，他讲"临场智慧"，是在苏州枫桥小学。他随机用了他当天在该校听课的例子。引申强调"要用多维多元的观点来理解教育"时，随即又用了当天看凤凰卫视《有报天天读》节目时所引发的思考。他的演讲如清流，如激流，用一个字可以概括特点："活"。理论与实际结合，书本知识与生活知识相结合。不像某些专家，完全按照备课讲，全部是预设好的，还妄称为严谨，其实完全是封闭。有些专家讲完，课件是不能留下的，不能留给听课者，为什么？他只有这点知识，这点能力，只有一潭死水，被人家拿走了，他就没有了。而张文质不一样，他是活的，是流动的，流到哪里，哪里就能生成新的风景。

张文质的"说"，是即刻"说"出来，不是躲在家里苦思冥想"写"出来的。这是大本领。《论语》也是说出来的，不是写出来的。孔子说出来之后，他的弟子整理出来，从这一点上看，张文质先生得孔子之衣钵。《论语》有经典的句子，本书也有经典的句子，比如，他的演讲中的一些小标题，就能当作警句用："教师本分的实质：给孩子一生的温暖""教师本分的素养：首先是手艺人"（《教师的本分与素养》），还有"临场智慧""绝对的本土性""文化童年"等，他善于应用概念、借鉴概念、创新概念、创造概念。这些无不是闪光点。一本书有没有闪光点，是衡量一本书有没有价值的重要标准。

几年前，我与张文质在一次雷夫的大型教育对话沙龙上相遇。活动在苏州举行，我与张文质都是嘉宾。我理解，我们是陪伴、配合雷夫的嘉宾。现在反思，这样大规模的，甚至是兴师动众的跨国活动，其价值还不如让张文质先生一个人在台上演讲，效果会更好些。事前陪张文质随机地看看学校，随机地走进课堂，随机地与老师聊聊读书、聊聊校园、聊聊教室、聊聊孩子，以至聊聊家庭、人生，然后让他来说感悟到的苏州、苏州教育、苏州教育中的老师，或许更为鲜活精彩。雷夫不了解中国文化的背景，或者说，不能深刻地理解中国教育的背景，更不能清晰地把握太湖文化中的吴文化，那么他如何能与中国的老师、苏州的老师对话？对话仅仅是皮毛的、表象的，看上去热闹，实质是一瞬间的云烟。

那天雷夫没有给我留下什么印象，张文质坐在那里，说了什么话，我也没有印象。这正契合张文质在本书中强调的一个概念"绝对的本土性"，这个概念太重要了。雷夫的讲演被演化成商业行为，既没有"临场智慧"，更没有"绝对的本土性"，怎么能有切实的效果呢？有的只是一时的轰动效应。

读张文质的文字，能体会到他的学术、涵养。他善于与他所生存的世界接触，他的接触与众不同，他的接触就是汲取，就是交流，就是付出，就是对话，就是创新出新的想法。因而，他的文字灵动，他的表达方式灵动。说实话，这本《张文质说1·教师的微革命》我还没有读完，读着读着，就有一种需要表达的冲动。此篇文字，是我一边读一边写的产物。我相信，即使我不读完，仍然能够表达清楚我所理解的本书的精髓与特点。

生命没有局部的独立，生命都是完整的整体，只要是鲜活的生命。我们用一滴血，就能化验出一个人的基因，那么从张文质的这本书中，即使只阅读一部分文字，即能被其中教育的生命活力所陶醉——不是每本书都拥有这样灵动的生命特质，而读《张文质说1 · 教师的微革命》却正有这样的感受。

(2017 年 6 年 5 日)

第五辑

诗性管理

好学校与好教育

学校是教育的地方，学校好，当然教育一定好，可是为什么我要说，
两者开始分离了呢？

好学校与好教育，原来是一致的，现在这两者开始分离，至少，部分
地分离。学校是教育的地方，学校好，当然教育一定好，可是为什么我要
说，两者开始分离了呢？最近，我去参加一个城市的一所很好的学校的督
导评估，或许是看别人的时候，更看得清自己。检查别人，也是在检查自
己，特别是我们关起门来办学，自我得意的时候，会忘了自己是谁，会看
不清自己，自高、自大，特别是这些所谓的优质学校、品牌学校、示范学
校更为突出。现在，我们要发问：办学校与办教育，两者的区别在哪里？
好学校与好教育是一个概念吗？

对这个问题，我思考已久。现在，人们公认的所谓好学校，往往是那
些热点学校。生源好、升学率高，社会热捧、家长热捧。超大规模发展，
超常规发展。超大规模发展，曾经是一个办学的褒义词，甚至当下在一些
地方还是。超常规发展，也是一个办学的褒义词，甚至，至今仍受到鼓励。
超大规模发展，导致有些地区出现"寡头学校"，上万人（甚而还有数万
人）的中学，占尽了当地的有限资源，包括人的资源、物的资源。超常规
发展，导致不按教育的规律、人的成长规律办学，追求经济效益、追求声

誉效益，远离教育本质，功利化发展。这些学校，一度被称为"好学校"。

几年前，美国老师雷夫到中国来。在某个城市，接待者有意安排了一所好学校，有着优秀的办学历史传统的示范学校，让他参观、考察。雷夫参与了该校师生的活动。临走，他对陪同的人说，这个城市最优秀的老师一定不在这所学校。理由是什么？因为这所学校是当地最好的学校。雷夫怎么会有这种思维？他怎么断定最好的学校中一定没有最好的老师？听起来似乎荒谬。现在，静下心来认真想想，还真有些道理。学校集中的都是最好的生源，面对的都是同一类学生，校园里有最好的办学条件，别人的校园可以没有阳光，而他们的校园一定会是充满着最明亮的阳光。如何有利于最好的老师产生？如果雷夫的论断可以成立，继续推演，一个没有最好的老师的学校，如何能办出最好的教育？

什么是好教育？好教育是真正关注师生生命成长的教育。有教无类，这是前提。学校、老师无理由选择学生，学生却有权利选择学校、老师。生命成长是一个教育的完整的、完美的概念，师生健康、茁壮，阳光、灿烂，善良、诚实，那永远是第一位的，是教育的极终目的。好教育需要有好老师，什么样的老师才是好老师？"有情怀、有担当、有原创精神"这些品行是必须具备的。有情怀的人，一定不是唯功利的人，这样的情怀是什么样的情怀？超然的情怀、本土的情怀，有爱懂感恩的情怀。能担当的人，一定是有责任感的人，这样的担当，会以民族为重、国家为重、社会为重。有原创精神的人，有感悟能力、审美能力，善于求知、求异、反思，这样的原创精神，能推动人类文明的进步。以老师的情怀孕育孩子们的情怀，以老师的担当精神锻造孩子们的担当精神，以老师的原创品行影响孩子们的原创品行。师生平等，相互尊重，相互理解，师生共同成长。而这些理念已经成为现实，成为学校的日常状态，学校的气息只有这样的气息，唯有如此，才是好教育。

拥有好教育的学校才是好学校。当下所谓的"好学校"许多已经变异。

"好学校"成为世俗化的概念，仅仅把学业提升、升学率作为唯一或最主要的评价目标，圈养孩子，根本谈不上师生的生命成长，谈不上情怀、担当、原创精神。这样的"好学校"的存在、发展，又是以影响、牺牲其他学校的生存、发展为前提的，就是"校霸"。就一所学校评价、衡量一所学校，可能与把这所学校放到整个社会背景、放到整个区域的整体的教育背景中去评价、衡量，得出的结果会是不一样的。假如，一所学校的兴起与发展，影响、制约了某个区域的整体的学校的生存、发展，这样的所谓的"好学校"，其实，不是真正意义上的好学校。我以为"好学校"是一种赞誉，更是内涵。这样的赞誉不只是品牌学校、优质学校、示范学校的专利，所有的学校都能成为好学校，无论是拥有怎样的条件，只要能办出好教育的学校，就是真正意义上的好学校。

（2017 年 1 月）

我为什么越来越不会做校长了？

校长的价值在于，通过自己日常领导、管理一所学校，从而使师生
得到最好的发展。所谓最好的发展，是在一定的背景条件下，得到
尽可能的发展，这种发展是美妙的，是真正意义上的、完整的、全
面的生命生长，至于什么"型"、什么"家"都不重要。

教职工大会开成了沙龙，校长"退居二线"

新学期开学，教职工大会，我们开成了沙龙。主题是："语文课、数学
课、英语课：我们怎么上好课？"在江苏的高考模式中，是以语文、数学、
英语3门总分划定招生分数线的，而会在物理、化学、生物、历史、政治、
地理6门中选择2门为选修课程，以等第计算成绩并作为"门槛"，与语
文、数学、英语相匹配来录取。因此，在实际的教学中，语文、数学、英
语显得尤为重要。这是一个真命题，也是一个伪命题。我们需要理性思考：
真是这样吗？应该这样吗？

面对这些问题，在沙龙上，让教师开展充分的讨论、交流，畅所欲言，
谈论如何上好数学课、语文课、英语课，绝不就语文说语文、就数学说数
学，而是要着重于它们之间的关系，不仅是语文课、数学课、英语课之间

的关系，而是各学科相互之间的各种错综关系。让老师们讲讲自己，让老师们了解相互之间的"自己"。大家放开来碰撞，在碰撞中进一步认识自己所教学科地位的同时，也认识其他学科的地位。

举行这个沙龙的时候，我们不仅仅局限于学校内部，还向家长开放，邀请家长参加，除了可促进家校之间的相互沟通，更使这个沙龙具有神圣感、庄重感。

我们之所以不把一般的开学教师大会开成泛泛的行政工作布置，而转为"大家说"的科学研究、课堂研究、学生学情研究，其目的是创设环境，突出教师的主体地位。比如这个开学沙龙，老师们坐在台上，如何在特定时间内对本学科作简要准确的表达，而且是通识性的表达，是需要功力与精心准备的。

这样的做法不是第一次，而是形成了惯例。一段时间以来，我们已经成了一个系列，还有"好老师大家说""好家长大家说""好学校大家说"等；也不仅仅只有沙龙，还有教育教学的专题研讨会、现场会、经验交流会等，而校长退居到了"二线"，既是"导演"，更是"观众"。

我们之所以这样做，源于对校长价值的理解。

"好校长"不只是自己成长，而应在师生的美妙成长之中成长自己

校长的价值，是一个简单的问题，也是一个十分难以回答的问题。是说普遍的价值，还是说特殊的价值？在当下的经济社会文化背景下，中小学校长的价值是什么呢？即我们的中小学真正需要一个怎样的校长？校长如何领导、管理一所学校？校长的存在，是以什么关系为前提存在的？包括与学校的关系、与教师的关系、与学生的关系等。

我常喜欢打比方说明道理，假如校长是一棵树，他应该生长在哪里，

以一种什么状态与形状生成？当下，提倡教育家办学无可非议，许多地方以培养"教育家型校长""名校长"为使命，许多校长也以做一个"教育家型校长""名校长"为奋斗目标，都是好事。

不过，我曾认真观察过自然现象，大树底下往往连草都不长。一个"教育家型校长""名校长"的出现，往往又是以"强势"校长的状态、方式出现的，包括舆论的强势、"包装"的强势。他们的出现，对所在区域、所在学校是一种风景——树大茂密，托天覆地。我并不反对校长做一棵大树，我只是反对独占阳光雨露的树。为何一棵树长得好？土壤好还是阳光雨露好？占尽了地理优势、占尽了阳光雨露，当然会长得好，但那是以牺牲别人为代价的。

这种现象以"名校"校长尤甚。名校具有各种优势，包括历史的、现实的、内部的、外部的、生源的、师资的、硬件的、软件的、政策的、舆论的等。在那里当"教育家型校长""名校长"容易得多，有捷径可走。在"名校"当校长，有比别人多得多的培训、培养机会。这也无可非议，关键是不能影响别人。

我今天所要说的，主要不是指学校对学校的影响，而是指在学校内部校长对教师的影响。常常听见说"一个好校长，就是一所好学校"，此话说过了头，就是问题。一个"好校长"在，学校办得好；一个"好校长"离开了、不在了，学校开始走下坡路了、衰弱了，这就是问题。一个"好校长"，在学校"独木成林"，这棵"独木"不在了，林子当然也就消失了。这样的现象比比皆是，缘由很多、很复杂，但也值得我们当校长的反思。

校长应该成为一棵大树，矗立于苍天下，茫茫成为一景，成为一个有思想、能坚守、能变革，对多元文化能融入又超脱，善实践的"教育家"。这是从宏观上来说，面对日常的校园内的办学实际，并不会如此浪漫与抽象。

真正的"教育家型校长""好校长"，不只是自己成长，而应在师生的美妙成长之中成长自己；不是只有自己有机会，而是要留一点机会给别人，甚至要为别人主动创造机会。蔡元培在北大当校长时"兼收并蓄"，北大当时出了多少"大家"！那是蔡校长给别人创造机会。又比如白马湖畔的春晖中学，经亨颐先生当校长，自己成了教育家，手下的教师都是大师，如硕彦、夏尊、朱自清、朱光潜、丰子恺等，他们的名声甚至比经校长更大。

看一位校长是不是"教育家型校长""名校长"，不仅看他自身，更要看他所在的学校，看他的学校是不是涌现了更多很好的"教育家型老师""名师"，以及这些"教育家型名师"培养出了怎样的一批有情怀、有担当、有创造的学生。

校长的胸襟应该开阔，容得下别人在"这个校园里"成名

我们不能强求校长要能培养出多少"名师"来，"名师"之所以成为"名师"，有诸多说得清又说不清的理由。但是，校长的胸襟应该开阔，容得下别人在"这个校园里"成名，创造出成才的美好天地。

我们学校的老校长王季玉，在她当校长期间，曾经聘请沈骊英做老师。当时费孝通、杨绛在一个班，而老师则是沈骊英。后来沈骊英被科学界称为"麦子女圣"，连陶行知都崇拜她。她的长子就是台湾清华大学的前校长沈君山。她的学生费孝通、杨绛后来名声更是超过了老师沈骊英。而校长王季玉除了振华女校（苏州十中前身）的老师、学生知道她之外，几乎很少再有人知道有一个叫王季玉的好校长。

王季玉在任期间，还邀请了颜文樑当画图老师，那时颜文樑还是一个小青年，后来成为我国油画界的一代宗师。还邀请了苏雪林、叶圣陶做国文老师、写作老师，他们的成长、成名是不是也与做振华女校老师的一段经历有关？还有杨荫榆、王佩铮都是一代大家。

我相信王季玉当校长期间，心里从来没有想过自己要当一个"教育家型校长""名校长"，可最终我以为她要比我们当下许多被称为"教育家型校长""名校长"的强许多。我也相信她比她的那些"手下"老师的名声小许多，甚至比她的学生费孝通、杨绛、何泽慧、彭子冈、李政道的名声要小许多，但是她绝不会遗憾，这些名人大师在王季玉校长面前也无一不弯腰鞠躬致意。

我无数次查阅历史，查阅校史，王校长只有几篇讲话稿存世。这样的人以自己做土壤、以自己做阳光雨露，给师生以恩泽，能说不是真正意义上的"教育家型校长""名校长"？

我虽然在我们学校已经做了 15 年校长，但是对"校长"的理解，却还是很肤浅。校长对一个学校的影响确实不可低估，这种影响有积极的，也有消极的；会是深刻的，也会是表层的；可能是长久的，或是短暂的。如何影响一所学校？每一位校长都会不一样。有的通过"领导"，包括"控制"；有的是通过"管理"，包括引进企业管理的方式、途径；有的通过"经营"，包括像强占"地盘"一样不断扩大学校的"实力、势力"等。

如何做校长？我越来越感觉到自己不会做校长。校长有时并不能凭自己对教育和学校的理解、按照自己的理想图景去当校长。他需要坚守，也需要兼顾、妥协。尽管如此，我还是做了一定的"探求"。一是"放手"，自己退居到次要的位置上，在一些重要的学校活动之中尤其如此。二是"搭台"，给教师搭建重要的发展平台，要宽广而有高度。三是"采摘"，即及时发现、总结、提炼、推广老师们的成功的做法、经验，如从秋天丰收的果树上采摘丰硕的果子一样，大家分享。

什么才是校长的真正价值？这从蔡元培、经亨颐、王季玉等身上得到了充分的体现。校长的价值在于，通过自己日常领导、管理一所学校，从而使师生得到最好的发展。所谓最好的发展，是在一定的背景条件下，得到尽可能的发展，这种发展是美妙的，是真正意义上的、完整的、全面的生命生长，至于什么"型"、什么"家"都不重要。

当下已经不是蔡元培、经亨颐、王季玉的时代了，但我们同样需要新的探索与诠释，每一个时代都有自己的特点与个性。在这个时代，我们怎么做校长？这真是一个很现实、很有意义的问题。

(2016 年 2 月初稿，2017 年 7 月 26 日修改)

校长与教师不妨"互换"角色

过去我们常说："火车跑得快，全靠车头带。"今天，在一定程度上，
这句话已过时。
校长在学校要放下身段，放低重心，要走近教师，与教师融为一体，
因为教师中蕴藏着无穷的智慧。

校长如何摆正自己的位置？教师如何处理好自己的角色？我在十多年
的校长岗位上，似乎悟出了一点道理：

每一个老师都是校长

十几年来，我很少在教师大会上作报告，每一次大会，都开成或经验
交流会，或主题报告会，或沙龙等，都由教师讲。每次大会，每一位教师
的每一次发言，都会认真准备，几易其稿，试讲再试讲，直至满意。来自
于教师的声音，更有针对性、更有感召力，比校长直接阐述要好得多。老
师发言呢，也不会泛泛讲道理，而是讲案例，有时会讲得让听的人流泪。

一位云南的挂职校长参加了我们开学大会后，惊讶地说："哪有开学大
会校长不讲老师讲的？校长不布置工作老师布置工作的？"我说："我们每

个老师都是校长。"

　　我也不是什么报告都不作，年终教代会上的校长述职报告和高三毕业典礼上的校长演讲，我都是要精心准备的。年年如此。为了讲好它，我会花半个月、一个月，甚至更多的时间做准备，有时连做梦都在写稿子。面对教师，谈一年来我的思想，谈我的理念，谈我的做法，谈我的不足，说出我的喜怒哀乐，与整个老师团队交心。面对学生，谈历史、谈传统、谈校友、谈社会、谈世界、谈老师、谈父母、谈感恩等，临别前与整个同学群体交心。

　　学校经常会有各地同行来参观考察，他们往往都会向我提一个问题："你是怎样让你的老师认同你的教育理念的?"我说："恰恰相反，学校的许多教育理念，就源自于教师的教育教学改革实践。"比如，学校文化精神表述的"真水无香"这一理念，就来自于语文教师的课堂实践。年轻教师写教育随笔是我们的传统，有一年，庄老师的随笔，写了真水无香的课堂，她说："这是我们学校语文教学一直追求的境界。"这篇文章说得很有道理，放在我桌子上整整一年，我一直思考这个问题。第二年，庄老师的随笔，写的还是"真水无香"。这一年不只她写，另外几位年轻教师也这样写。一下子，我突然醒悟："真水无香"原来是我们学校百年教育的文化精髓。于是，我就竭力提倡这个精神。又比如，"以学校的每一天成就每一个学生的本色人生"是我们学校教育的核心理念。一次教师大会上，王老师上台发言，她说："能不能把核心理念改动一个字，把'学生'改作'师生'?"说得多好啊，一字之改，境界全出。师生平等、师生共同成长的含义，就这样被凸显出来。

　　让每一位教师都成为校长，校长首先要转变角色。校长不应该是高高在上的人。因此，我不是很赞成现在流行的"校长领导力"这个词。在这个场合说要提升校长的学校文化领导力，在那个场合说要提高校长的教师发展领导力等。不要把校长的作用推到极端与极致。校长在学校的领导，是在与教师的共同发展中实现的。校长不可能样样超越老师，最重要的职责是把教师的心凝聚在一起，焕发出教师的创造性与主动性，在更多的时候，校长与教师是一种同伴的关系、互助的关系。如何让学校的全体成员，时时能够不忘教育的本质，对准学校的发展目标，携手并进，那才是校长领导一个学校的第一要义。

过去我们常说："火车跑得快，全靠车头带。"今天，在一定程度上，这句话已过时。高铁时速300多公里，仅仅是靠火车头带动的吗？不是。而是因为列车的每个节点上都有动能。这个原理，用在学校管理中，也是适用的。我们提倡每一个老师都是"校长"，本意也正是在于此，要给教师空间，要给教师动能。唯有这样，学校的前行才能风驰电掣。

"每一个老师都是校长"，那要校长干什么？"每一个校长都是老师"，那要老师干什么？这些看似调侃的问话，认真想想，还真有道理：校长与老师岗位不同，义务、责任也不同。

每一个校长都是老师

所谓每个校长都是老师，一是校长要放下身段，放低重心。校长对学校的影响，与行政机关首脑的作用是不一样的。我很不赞成动辄就说"校长要引领老师"这句话。多年前，我曾经在学校里提倡"推门听课"，抓课堂建设，要求校领导、中层干部、教研组长、备课组长等随时"推门听课"。一次教师大会上，一位老师上台发言，他说，"能不能改动一个字，把'推门听课'改成'开门听课'？"一字之差，境界完全不一样了。因此校长切不可自以为高人一等，闭门提出一套理念，也不顾与本校的历史、文化等契合与否，就让老师们"认同"。校长在学校要放下身段，放低重心，要走进教师，与教师融为一体，因为教师中蕴藏着无穷的智慧。

二是校长要把教师发展放在首位。校长的发展要与教师的发展同步，脱离了教师的发展是没有任何意义的。校长过度发展自己会不利于学校、师生的发展，特别是不利于教师的发展。我曾留意于自然界的现象，大树下连草都不长，大树独占阳光雨露，其他树木怎么办？我们学校鼓励教师著书立说，近年来，仅语文学科就有十多个老师写书，或当主编带着课题编书，在出版社正式出版。去年，我校老师研究诺贝尔文学奖历年获得者，选出了因为诗歌而获奖的 39 位得主，研究他们，整合成教材与课外读物《我坐在窗前》。我身为校长，也仅作为普通一员撰稿。

三是校长工作不能摆花架子。校长是教师，是要求校长能把主要精力投放在学校的教育教学上。当了校长就脱离课堂、脱离教学、脱离学生，仅强调"管理"，那是虚浮的表现，校长要成为既是管理的行家又是学科的专家，要在课程开发与整合、新型课堂的建设等关键的领域沉下去，像老师一样去面对、研究与解决许多教育教学的实际问题，这样"引领"教师发展才能得心应手，游刃有余，才能带领学校团队一起在大江大海中游泳。仅仅站在岸上，按着摄影师的要求去"摆拍"，那是花架子，这样一定是发展不好学校、管理不好师生的。

每一个校长都是老师，并不是要求校长完全像教师一样工作。这样说只是强调校长心中要有教师，能常常站在教师的立场上思考问题，是强调校长心中要有学生，能像老师一样心里装着学生，是强调校长要能正确地认识自己，降低重心，使学校的一切管理都要有利于师生的发展。

每一个教师都是校长，强调的是校长与教师之间的关系。我认为，校长与学校的关系有三种方式：一是领导学校，二是管理学校，三是经营学校。不同特点的校长对待不同的学校，选择哪一种方式，自有其道理。要做到让每一个教师都成为校长，就要求校长转变角色。校长不能高高在上。我不赞同现在流行的"校长领导力"这个词，我倾向于用"聚心力"这个词，校长不可能是全能的，他并不能领导学校教育的方方面面，他的最重要职责是把教师的心凝聚在一起，围绕一个目标共同前进。校长与教师是同伴关系、互助关系。

　　每一个老师都是校长，每一个校长都是老师。这两句话，是相辅相成的，唯有如此把握自己、把握对方，换位思考，才能事半功倍。

（2015 年 6 月）

既要坚持"标准"，还要超越"标准"

要让一所学校真正发展得又好又快，在这些"标准"的后面，"情怀""原创性""担当"等品质，或许同样不可或缺。

教育部制定了《普通高中校长专业发展标准》（以下简称《标准》），引发了一些热议。赞同者有之，诟病者有之，反对者有之，各执一词。《人民教育》杂志约我谈点看法。我以为，凡事物都不能绝对化。绝对是因为片面，片面是自己站立的位置不对。站点不对，视野一定不对。绝对也因为自己站立的位置太低，只是以自己位置上投放的视野去评判事物，因而缺乏高度与整体性。绝对，乃至片面、高度不够，导致没有全局性观念，是我们处于基层的中学校长常犯的毛病。对《标准》的看法、态度，也是如此。

《标准》的价值，在于能够规范、引领校长的专业发展。我以为，《标准》是一份能作为"标准"的"标准"。标准要具有普适性，要符合国情。适用于东部，也要适合于西部。先发地区适用，后发地区也能适用；一般高中校长适用，重点高中校长也能适用。这是一个高中校长最基本的专业发展标准。《标准》的价值，在于它能引领校长的发展，至少能"规范"校长的专业发展，提出了作为高中校长必须做到的"底线"。校长的发展，不能随心所欲，不能成为一棵"疯长"的树。校长不是一种自由职业，他代表国家行使对学校管理的权利。

陶行知曾说："国家把整个的学校交给你，你要做整个的校长。"怎样才是做整个的校长？《标准》告诉你哪些是校长该做的，又告诉你哪些是校长不该做的。比如，在第一部分"办学理念"的第三条"引领发展"，提出了校长引领学校发展的具体要求与内容。发展是第一要务，怎么发展？发展什么？从理念到制度、机制以及管理的方式、形式的选择，《标准》都有明确的规定。

校长与学校的关系，是深入其中引领学校按正确的方向与轨道不断发展的关系。校长如何引领？必须依靠"科学"与"民主"。这样的"校长标准"，不是把校长管死，只是管方向，只是铺设轨道，校长还有自己的发挥空间。科学与民主，这两个概念的内涵非常丰富，校长完全可以创造性地选择与发挥。

对校长而言，什么是该你做的，什么是不该你做的，首先自己要清楚。否则，你做得越多，离你岗位的本质要求越远。所谓"南辕北辙"就是这个道理。

《标准》来源于实践，而不是凭空想象的产物。有人认为《标准》缺乏新意。我则认为不能如是简单否定它。有没有新意，不是评价事物好坏的标准。《标准》不是凭空想象的产物，也不是理论家仅凭理性坐在书斋里的产物。它是以长期的校长们的工作实践为基础，再经过科学地提炼之后的产物。本来就来自我们的学校日常生活，理所当然都是"似曾相识"的"面孔"。这正说明它的价值所在。规律性的东西，不会是"日新月异"的。事物最本质的东西，是具有强大的稳定性力量的。

比如，第二部分的"专业要求"，其中第二点的"营造育人文化"，提及"营造体现办学理念和学校特色的校园自然环境和人文环境"。这是对十多年来学校校园文化建设实践的一个充分肯定。校园，本身就是教育的一部分，校园文化建设本身就是学校发展的重要的一个方面，它不是校长可做可不做的工作，而是一项明确的工作职责。《标准》对此提出了高要求，这种校园文化建设，是应该与学校的发展特色联系在一起的，是学校提倡的教育理念的物质呈现，一草一木、一砖一瓦都是。甚至，仅仅做到这里还不够，还必须文化环境与自然环境一起做，两者相呼应、相吻合。《标准》把我们一线校长多年来校园文化建设的实践，肯定了下来，并作为约束校长办学的"工作准则"，绝不能以它不"新"而予以否定。我以为，对教育来说，对学校来说，有时"坚守"或许更难、更重要。

一个好校长，不是仅仅按《标准》"操作"就能实现的。话又说回来，一部《标准》，是不是能彻底解决"校长专业发展"问题呢？在我看来，校长发展与教师的发展一样，本质上还是"人"的发展。校长的"共性"是寓于每一个校长不同的"个性"之中的。追求学校的个性，其前提条件是校长包括教师要有个性。鼓励校长做一个有鲜明特色、鲜明个性的校长，首先必须这个校长是有鲜明个性的"人"。

校长是什么？这个问题，我们大家想过吗？一个十分简单的问题，其实我们可能都没有好好想过。校长首先是"人"，作为"人"的发展，本质上是"生命成长"。校长在教师队伍中又是肩负着特殊使命的一个"特殊"的人，他在教育的岗位上，本质上是一个教师，作为"教师"的校长，应该具备什么特别的素养与能力？《标准》提出了"校长引导教师发展"的专业要求，能引导别人发展，首先还必须自身发展得好。作为一个"教师"的校长，对其素质与能力要求，绝对不是"教师的素质与能力"加上"校长的素质与能力"就可以了，而是需要两者的融合。如何融合？如何实现最佳的融合状态？这些也都是需要认真思考与研究的。

一个好校长，不是仅仅按《标准》"操作"就能实现的。要让一所学校真正发展得又好又快，在这些"标准"的后面，"情怀""原创性""担当"等品质，或许同样不可或缺。尽管这些品质没有纳入《标准》，算不上"专业素养与能力"，但其作用可能不会亚于已被列入《标准》的那些"专业素养与能力"。

　　尽管如此，我还是坚持认为，有《标准》，一定会比没有《标准》要好——它可以整体提升高中校长的专业水准。但有了《标准》之后，不能仅仅满足于此，在达到一定的层次之后，特别是专业层次以后，要积极地超越《标准》，以实现校长"自由""自在"的办学境界——所谓学校管理上的"天人合一"的美妙境界。

（2016 年 2 月）

校长的诗和远方在哪里？

每一个校长也有他自身的个性特征和教育理念，采取何种方式来开展工作，自有其道理。尽管如是，但当前校长的学科领导力和课程领导力，却是不容回避、忽视与轻视的。泛泛地提倡理念，或者泛泛地管理，都是不得要领的。

教育发展到今天，内涵发展是学校发展的主要方向。在学校建设、外部条件改善以后，校长的工作重点在哪里？我一直认为校长与学校的关系，有三种：一是领导学校；二是管理学校；三是经营学校。这三者，无所谓境界高下，每一个学校有其不同的文化背景、发展特点；每一个校长也有他自身的个性特征和教育理念，采取何种方式来开展工作，自有其道理。尽管如是，但当前校长的学科领导力和课程领导力，却是不容回避、忽视与轻视的。泛泛地提倡理念，或者泛泛地管理，都是不得要领的。

提升校长的学科领导力和课程领导力，首先要有学科建设和课程建设理想。学校发展目标，要包含学科发展与课程发展目标。对一些品牌学校来说，有着悠久的历史，在梳理历史的时候，学校学科发展的历史和课程发展的历史，应占有最重要的位置。面向未来，实现自己的学科与课程理想，要从优秀的传统中汲取养料，校长在此要下大功夫，忽视传统和历史，是走不远的。

注重学科研究，不能窄化和异化。高中学校，如果仅仅是去研究高考，是不够的。即便是研究高考，仅仅研究如何获取高分，也是不够的。我们要研究高考的高分，更要研究获取高分的过程：这个过程是否道德？是否美妙？是否可持续？

学科发展是与教师的专业发展紧密联系的。对教师仅仅强调"教学认真"是不够的，那只是基本素质层面的要求，是最起码的"底线"。仅仅把做课本练习题和高考题作为"提升学科能力"的最重要的途径，那更是不够的。教师的专业发展过程，就是教师的"生命成长"过程，要把他们放到更高更宽的背景中去发展。如果仅仅把"教学认真"和提高做高考题能力，作为教师的发展方向和目标，可能会令学科研究停滞不前甚至会走入误区，就如古人所说的：取乎其上，得乎其中；取乎其中，得乎其下；取乎其下，则无所得矣。这样的方向与目标，也不能准确、真实地反映我们教师的岗位追求、职业追求、专业追求，乃至事业追求。

我们学校践行"诗性教育"，与此相应，我校的语文学科也正致力于"诗性课堂"的构建。基于语文教学的终极目标是要提高学生的语文素养这一认识，我们一直努力在语文"审美性"上下功夫，并重点在语文教学的"阅读"与"写作"这两个领域做研究。国家中文核心期刊《中学语文教学参考》得悉后，开设专栏探讨"诗性语文的理念、模式及实践"，连续三期刊登我校十位语文老师探讨"诗性语文""审美课堂"的专题论文。学科建设更是与教师的专业发展紧密相连的。校长的学科建设领导力，是推动教师专业成长的动力。利用校长的学科背景，加快相应学科的建设，并以此为突破口带动学校其他学科的建设。这才真正体现了教育信念的价值引领作用。

课程领导力，更是校长领导力中的最核心的能力。人才培养目标的实现，需要相应的课程体系作支撑和保障。国家课程只提供了基本课程，需要有校本课程来丰富它。纵观世界名校，都有自己的校本课程体系，以此呈现各自的办学特色。如英国伊顿公学，学校要求每一个学生除完成国家课程之外，还要选修校本课程。国家课程与校本课程各占"半壁江山"。正是通过对校本课程的学习，伊顿的学生具备了比其他一般学校学生更优异的能力与素质。近年来，我们学校也一直在努力构建人文与科学两大校本课程体系，并相应编写与出版了三十多种校本教材，但还很不够，仅仅是起步。

学科与课程引领是一个学校发展的关键因素，也是校长的职责所在。如何提高校长的学科领导力与课程领导力，需要有一个政策上、舆论上、工作上的导向。但在具体的实施中，管理学校与管理企业是不一样的，企业的行政管理、行政手段，有其成效性，但也有许多局限性。在日常的教育教学生活中，校长与教师更多的应是一种"同伴"关系。校长要根据自己的学科背景，在教改、课改中主动"下水"，如"下水上课""下水评课""下水研课""下水开设校本课程""下水开发校本教材"，坚持与教师在教学、学术、科研上相平等，共同进步。

教育发展到今天，更要有文化自觉的思想和态度：各美其美与美人之美。每一所学校都有自己的优势和弱势，相互借鉴学习，比关门封闭，拒人千里之外要有成效得多。苏州教育已进入高原，高原上不再是孤峰耸立，而是呈现了群峰并起、峰峦叠嶂的壮观景象。在学科建设、课程开发上，学校"联合体"到了呼之欲出的时候了。学校之间如果不联合起来，只凭各自单打独斗，优质资源得不到有效利用，学校的个体优势也会越来越丧失。

语文学科"名师共同体"成员——几所百年老校的语文特级教师，曾带着各自的"徒弟"，在我们学校进行了一次"同课异构"的开课活动，课题是曹禺先生的戏剧《雷雨》。徒弟上课、师傅评课，这就是一种很好的学科研究气象。不但展示了不同学校各自在学科研究上的水平，而且学校与学校之间在教学上也得到了交流、借鉴和促进。学科的学校个体成就与区域成就之间本来就有着"水涨船高"的关系。校长的诗和远方在哪里？在学校的发展中、在师生的发展中，我们需要不断地追问。

（2013 年 5 月）

要从"家"中走出来

什么是好老师？好老师的内涵很简单，就是能教出好
学生的老师，同理，好校长则是能培养出好师生的校
长。做教育家不是目的，做教育家只是手段，通过做
教育家办出好教育，才是本意。

近年来，教育家办学的热情越来越高。许多地方，都拿出人力、财力
与时间，举办培养教育家的研究班、研修班、培训班，特别是校长班，成
效很明显。不讲规律办学、唯功利办学、糊涂办学的现象在各地越来越少
了。不过，我们往往会以一种倾向掩盖另一种倾向。现在，学校的"教育
家"越来越多，似乎又有点不正常。一些地方培养教育家，是有指标、名
额的，三年培养多少个，五年培养多少个，都是有规定的。而且还有严格
的年龄限制，多少年龄内的可以进入培养计划，多少年龄内的可以评定什
么档次、层次的教育家，或类似教育家的荣誉，都是有政策限制的。一些
人，把列入了培养计划，或参加了什么班，看作是身份、身价的标志，还
印上名片，我就曾经拿到过一张，上面赫然写着某某省教育家培养对象。
综上所述，所谓的教育家，似乎有些走味。

校长们热衷于提升自己，多读点教育理论书籍本是好事，以科学的理
论指导实际的学校工作本是进步的表现。不过，也不能似是而非。最近，

我听了一个大城市一所著名中学校长的专家报告，他开头就讲：多年来，我从不看教育的书，那些书店里的教育论著像个什么样子？一听愕然，竟有这么牛的校长？过后，再一深思，他讲得还真有点道理：现在，校长人人会写书，特别是经过一定的培训之后，在专家们的指导下，提出一个教育概念，然后结合学校的实际，体系化。从校园到课堂，从课程到社团，从德育到智育，从教师到学生，从历史到现实，全面而深入地总结、阐述，看一两本，感觉很有道理，看三五本感觉有点道理，再看下去，不对了，发现都是差不多的，引经据典差不多，实际案例也差不多，体系结构也差不多。

我曾与一位出版家聊天，他说：当下，大学老师不买书，其次是中学老师，小学老师却是买书最多。乍一听，不信。过后想想，可能还真是这么一回事情，大学老师最有鉴赏力，谁会去买那些千书一面的书？不是不买，要买也要买教育的名家名著啊。

是不是教育家，不是仅看参加了什么培养与培训，也不是仅看他写了什么教育的书，教育家与教育理论家是有区别的，中小学里的教育家与大学、研究机构里的教育家也是有区别的。中小学中的好老师就是教育家，同样，中小学中的好校长，就是教育家。什么是好老师？好老师的内涵很简单，就是能教出好学生的老师，同理，好校长则是能培养出好师生的校长。做教育家不是目的，做教育家只是手段，通过做教育家办出好教育，才是本意。

所以，我说，我们现在还该从"家"中走出来，不能为"家"而为，不能唯"家"是从。特别是校长，不能有优越感，不能在学校里处处以"引领者"的姿态出现，要回归本源，这个本源就是回归"老师"。校长成为不成为教育家无所谓，是不是一个好老师才是根本。真正的教育家，从不会以"家"自居，而是力求在日常的教育生活中，踏实、平实而又有热情、有情怀地上好每一堂课，搞好每一次活动，让教育教学的每一个细节都富有意义。

（2014 年 7 月 27 日）

教育就是一种发现和赋予

教育不仅仅是感动、是宽容，也是一种发现，更是一种赋予。能不能"发现"和"赋予"，还要看我们有没有感悟能力，教育是异乎寻常的伟大的事业，教育要求每一个教育者有一双异乎寻常的眼睛。

什么是教育的境界？教育的高境界其实在我们的日常生活中就能呈现，这种呈现往往是不经意的，没有经过刻意的雕琢，在那些常常被人忽视的细节中自然流露。有一个案例，很能说明问题，那是 2012 年 12 月 31 日下午，我们学校高三迎新励志活动上的一个环节。这是我们学校的经典活动之一，我曾专门撰文以记叙，天已经很晚了，振华堂外已是漆黑一片，而会场里面却兴致正浓，还有几个班级还未登台表演，主持人只能宣布班主任们上台接受同学们献礼的活动推迟到元旦以后，再由各班自己安排举行。这怎么行呢？每一个班级为它都做了精心的准备，都期待给自己的班主任一个意想不到的惊喜，无论多迟都应该在当天进行。同学们的愿望，最终在我的支持下得到了实现，台上、台下，"老师，我们爱你""同学们，我也爱你们"，响成一片，似浪潮，一浪汹涌以后，又一浪汹涌而来。老师们眼里噙满泪水，那一刻，只有幸福欣喜的情绪在他们周身荡漾，三年来所有的辛苦、烦恼、委屈都会被遗忘。但这之前，由于有了欲取消这个节目的打算，并已通知到了各班级，献礼时，有两个班主任已不在现场，走了。

在这样的活动上、在这样的场合，有两个班主任竟然丢下学生自己走了？我当时一听到这个信息，心就"沉"了一下，但这个节目还必须如期举行。

但未曾想到，由于这两位班主任的不在场，接下来发生的一幕幕，更让我难忘。那是（2）班与（4）班，二班班主任是陈老师，（4）班班主任是冯老师。陈老师不在，急坏了（2）班班长朱同学，他是一位男生，既憨厚又机灵，他几次找我，说班主任不在，怎么办？他与班上的同学商量来商量去，像热锅上的蚂蚁。（4）班那个班长钱同学，是一位女生，沉着而大方，当每个班的班主任依次上台的时候，钱班长不动声色地走上台，站到（4）班班主任的位置上，她充当了"老师"，当轮到每一个班主任，向台下同学说一句或一段话的时候，她毅然站了出来，拨通手机，按下免提按钮，接通了冯老师的电话，把手机放到话筒边，冯老师的声音在会场响起，钱班长让班主任冯老师，对（4）班的同学发表感言，然后又让他在电话的那头唱歌，一段又一段歌声就在会场上飘扬起来了，会场沸腾了。这下，更急坏了（2）班的朱班长，他又找到我，说不能亏了（2）班的陈老师，也不能冷落了他们（2）班的同学，说也要代替老师上台。朱班长站到台上，不断转换着角色，一会儿代表班主任，一会儿代表（2）班同学，致辞，献礼，说出一句句感恩的话，同样赢得了一阵阵掌声，特别是（2）班响起了此起彼伏的喝彩。说实话，这两位同学的表现，是那样的出色，那一瞬间我"沉"下去的心，又"浮"了起来。

如何看待这个事情？特别是那两个老师？元旦假期结束，大家又回到学校，据说，那两个中途退场的班主任很有压力，陈老师还在办公室哭了，冯老师也是一脸的尴尬相，他们都忐忑不安。下午，我忙完一天的常规的工作，一一请他们到我办公室来。一席谈话，我又激动起来。原来，他俩都是等到很晚，得悉将取消班主任上台这一消息后，才走的，走也是有缘由的。陈老师的公公当天突发脑溢血，深度昏迷，被送往医院抢救，且又在外地，爱人先赶去了，她为了迎新表彰活动留下了，原想等待活动全部结束再赶去的，活动竟一再延长，她是独女，爱人是独子，从未遇到过这样的大事，既要照顾这头，又要牵挂那头，最后，在学生们的劝说下，匆匆离场赶往火车站。而冯老师呢？是遇到了尴尬事，那天他爱人的妹妹结婚举办婚宴，邀他参加，且夫人有孕在身，在家等着他一起前去。傍晚六七点钟以后，几分钟一个电话，几分钟一个电话，催得他不得不离场而去。当他们班的钱班长接通他的电话时，他说，他异常愧疚也异常激动，听着电话里传来的会场上的欢呼声，他几乎要流眼泪。当钱班长要他在电话那一头为大家唱一首歌时，就毫不犹豫地答应了。他就在婚宴的现场，找了一个有屏风的角落，一个人就在那里大声大声地唱，引来许多人，好奇地看着他，对他发笑。他说，那一刻，他什么都不在乎了，只在乎电话那一头的学生，大声、大声地歌唱。

这件事情，先让我遗憾，后又让我感动，也给了我许多启发。假如，简单化地看问题，或许会把它看作是消极的一件事，两老师竟然离场，虽然请了假的，这么一个令人难忘的活动，高三同学在校最后一个迎新表彰联欢活动，竟然不能有始有终，尽管有千条理由万条理由，终是遗憾。假如我们看问题，仅仅停留于此，就会得到这样的结论。但我们不妨换个角度，把眼光聚焦在学生身上，特别是两个班长身上，我们就会有不同的感受。有多么强烈的担当精神、使命精神，他们遇到问题，处理问题的能力已令我惊讶，他们面临突发事件所表现出来的智慧、态度、情感令我赞赏不已。我相信这些学生，今后无论走向哪里，无论处在什么境地，他们都会很好地把握形势、把握自己。由这些可爱的同学，再联想到陪伴他们成长的老师，没有他们的默默的付出，能有学生的今天吗？陈老师，是在我办公室里知道她的学生那天在现场作出的那种出色的表现的，她又流泪了，这次不是为公公病危而流下惊恐的眼泪，也不是担心校长将会不分青红皂白地"骂人"而流出的委屈的眼泪，流下的是感动的眼泪，为学生如此这般爱老师、爱班级而主动把一切扛在身上而流的眼泪。她回办公室以后，即给（2）班的全体同学写了一封感人肺腑的感谢信。冯老师同样也是一个内心丰盈的人，他的离席，设身处地我们都能理解。当他身处异地，如入无人之境，忘乎一切而放声高歌的时候，我相信，他人虽不在学生身边，但情感也早已与他们融为一体了，那一刻师生的情感无疑的是被无限地升华了。

几天以后，恰巧有一家中央教育媒体来学校采访。采访是围绕"直抵心灵的教育"的主题而展开，这件事情作为一个案例在采访现场被我讲述。这个案例，既感动了记者，也再一次感动了老师们。这个案例本身就有感动人心的力量，显示了自身的教育价值。我设想了几种"可能"："可能"之一，在那样的沸腾场合，当每一个班的师生都在尽情进行那样的"感恩"活动之时，那两位班长没有挺身而出，（2）班与（4）班的冷落，将会是如何的"残忍"？假如，进而设想这两位班长上台了，却缺乏机智、缺乏把握场面的能力与艺术，怯怯站在一隅，（2）班与（4）班同学又是如何尴尬啊？"可能"之二，（4）班钱班长虽然接通了冯老师的电话，但冯老师是一个木然的人、冷漠的人，唱不出歌，不愿唱出歌，在那个突如其来的"变故"面前，整个活动现场气氛将如何地受到压抑？师生之情、师生之谊是如何地经不起"考验"？"可能之三"，当时，因为主持人让我唱歌，而使话筒落在我手中，利用手中的"权利"而成为实际的活动主持人，假如，我无视活动中的一些微妙的细节，无视（2）班与（4）班的"诉求"，而以程序化、规范化的"常规"做法，拒绝钱班长、朱班长上台"替代"老师的话，那又将如何伤害孩子们最美好、最自然、最本真的情感？"可能"之四，假如，我工作主观、简单、绝对、浮浅，直接批评，不再深入地了解两个老师"离场"的背后故事，那些平实的、率真的、本色的情感，又如何能感动我、启迪我？那两个老师将"蒙上不白之冤"，阴影无疑将或长时间、或短时间地笼罩在他们身上，那会有利于师生健康、阳光地成长与发展吗？

　　这个案例对教育工作带来诸多启迪，两个老师离开现场，看似一件消极的事件，却提供了不可多得的教育契机，也蕴涵着如此催人深思的积极意义。教育不仅仅是感动、是宽容，也是一种发现，更是一种赋予。能不能"发现"和"赋予"，还要看我们有没有感悟能力，教育是异乎寻常的伟大的事业，教育要求每一个教育者有一双异乎寻常的眼睛。在平常的事件中要感悟到不平常，在单调中要看到丰富，在枯燥中要看到丰盈，在"非"中要看到"是"，在"热情"中要看到"浮躁"，在"无效"中看到"有效"，反过来说，也一样。在"今天"要看到"明天"，在每一次的异乎寻常的梦想破灭之后、"无望"之后，还会看到有一条充满阳光或月光的道路，就在我们面前。

（2013 年 1 月 22 日）

价值引领与案例引路

校长工作的起点是塑造共同价值观，我们在学校工作中注意每一个
细微之处的教育境界，一切为了每一个学生自由、快乐而健康地
成长。

培养创新人才，这是学校教育的题中之义，但是多年来有一个误区，
以为通过提升学生的科学素养，就能提升学生的创新素质和能力，而忽视
学生的人文素养的提升。科学素养与人文素养对创新人才，同等重要。我
们常常重在知识层面的课堂教学和课堂对话，忘掉了心灵。我们变革会议
制度，不开泛泛的教师大会，每一次都开成教育教学经验交流会，或教育、
教学、科研论坛或沙龙。校领导不泛泛地讲道理、作报告，而是以案例引
领。如，日前，就召开了有效听课研讨会；学校青年教师科研论文评选表
彰大会开成了一个教育沙龙："诗性、课堂、教科研"，由八位获奖青年教
师作嘉宾。今年，我们联合振华中学，先后举行了"今天，我们这样做班
主任""诗性的有效课堂之我见"三期教育教学科研沙龙。教育要超越功
利，直指人心灵中最美妙的东西。每学期的开学教师大会、学期结束教师
大会，也开成专题会，由老师发言交流。以此，收集、推广典型案例，我
们注重价值引领，下面介绍几个案例，和大家分享。

在今年初的一次班主任经验交流会上，高三班主任杨丽在发言即将结束的时候，朗诵了自己写的一首小诗。她说写这首诗的时候，心里有一种感动，她要把它献给她的学生。她站在讲坛上，说道：每当想起再有几个月，这批学生就要离去的时候，心里就有不舍。她话还没说完，当着大家的面，就已经流泪了。这是多么美妙的状态啊，要感动学生，先感动自己，要让学生依恋学校、依恋老师，首先老师要爱学生、依恋学生。什么是教育？教育就是一股清泉，这股清泉从山里流出，不择地而流，遇树、遇石，激起浪花，遇到悬崖悬空而下，那是很美妙的状态。

高二的物理老师孙耀曾在一次小结中写道："校长在他的'2010年高三毕业典礼上的讲话'中说，希望学生在离开学校的时候能带走三件礼物：本真、唯美和超然。每个老师都有自己的特点，有的老师智慧，有的热情，有的严谨，有的……那就我自己而言，在与学生长期的相处之后，我希望他们能带走什么呢？我希望他们带走正直、乐观和淡定。这是我追求的梦想。"我看了很感动，学校的老师，不是都在个性化践行学校的诗性教育理念吗？我在教师大会上，转述了孙耀的话。当我在台上讲她的时候，孙耀坐在台下流下了眼泪。给了我许多启示：教育不能吝啬表扬、肯定，老师都如此看重来自于校长的肯定、表扬，正在成长中的孩子何尝不如是？假如教育是清泉，那么，老师就是清泉中最美丽的浪花，我们有责任让这些浪花绽放得更美丽。

包卫华老师曾经在一次班主任工作研讨会上，讲述了"一个女生坐在走廊里久久不愿离去的故事"："我们班级的零迟到记录是被一个女生破掉的，当天中午，她就通过向全体同学鞠躬道歉的方式，表明每个人的行为对集体都具有意义，当同学们用热烈的掌声反馈给她时，我知道她再也不会迟到了。结果，接下来的两个月里她几乎每天都是提早 20 分钟到校，再也没有迟到。也正是这个女生，在暑假前的最后一天，打扫完教室后仍然不愿离去。那是她曾经奋斗过的战场，也是她为之坚守信念的家。我想多少年后，我都会很难忘记，红楼二楼走道里那个坐在地上，久久不愿离去的女孩。"这个案例，说明了许多问题：什么是最好的教育？什么是教育最好的成效？我们老师关注学生最重要的是关注什么？这位女生破掉了班级的"零记录"，老师、同学都没有批评她，是她自己主动向全体同学鞠躬道歉，同学们反馈给她热烈的掌声。教育就在这个过程中美妙地完成了。试想，假如换一种教育的方式：老师严厉地批评她、同学们生气地责怪她，激起了这个女生的反感，于是，老师再把她家长找来谈话，会是一个什么结果？她离开这个集体的时候，还会如此依恋这个集体吗？怎么样的课堂，决定了师生过一种怎么样的校园日常生活。一个冷漠的课堂是培养不出有爱心的学生的。

班主任顾丽君在今年高三经验交流会上讲道："曾看到一篇题为'花开不败：一个复旦女生的高三生活'的文章，讲的是一位中等成绩的学生，如何在高三一路走来，饱尝艰辛步入复旦校园的心路历程。我如获至宝，因它让我回忆起我自己的高三生活，触碰到心底最柔软的地方。全文很长，我在自习课上给全班同学朗读这篇文章。教室里很安静，同学们都在埋头做着作业，我说要给大家读一篇很感动的文章，你们可以边做作业边听，有些同学不以为然，当我读到三分之一的时候，做作业的同学少了，抬头倾听的同学多了，还有一位男生站起来说，老师你歇一歇，我来帮你读下去。同学都笑了，几个同学说，你也留点给我读读，大家边听边思考。就这样，我们以接力的方式读完了全文，这时，我注意到一位女生已经泪流满面，她一定是从复旦女生身上获得了某种力量或启示。其他同学，有的在沉思，有的在交流，当然也有同学低着头继续做作业。我并不期待一篇文章能打动所有的学生，但我希望他们明白：高三是要靠我们自己走出来的，什么是必须舍弃的？什么又是必须坚守的？"这是很普通的一个案例，但我推荐给《苏州日报》发表了。在中国的教育体制下，高三是一个特殊的学习年段，绕不过它。学生既要鞭策，又要呵护。顾老师在该堂自修课上的安排，看似随意、不经意，但对学生的那种关爱，归结到寻找通向学生心灵之路，读文章的过程，就是拨动学生心弦的过程，真是"润物细无声"。

史艳老师高三接新班做班主任，第一次上台作交流发言，题目是"诗意的岁月礼物"，她说："桂香消散，银杏摇曳，寒梅已初绽。清晨，走在书声琅琅的十中校园，忽然惊觉，这一届高三的旅程已走了近一半。我接的（2）班，是我第一次担任的文科班，且又是当妈妈后带的第一个班级。说实话，从暑假接到任务，就一直心中惴惴。之前遇到的班级，以人高马大活泼好动的毛头小伙居多，虽然调皮，但还算好沟通；而面对文科班这一大群能说会道又情感细腻的小女生，真担心自己 hold 不住。可不，某个早读，一点小事触痛了我紧绷已久的神经，居然当着全班抽泣起来，不管不顾把心里话一倒而出。可能是当了妈妈后泪点低了很多，从教十年来，破天荒头一回。泪眼婆娑中，看到好几位女生低着头跟着悄悄抹眼泪，一感动，越发止不住。是的，感激。在 9 月份的与学生的磨合与探索中，学生给予我的不仅仅是大力的配合，还有贴心的鼓励。这一切，都让我心生感动。看到蔡天禾同学在周记中对我写道，'希望老师不要有那么大压力，适当放松一些'，不禁心头一酸。"在这个案例中，师生的相互理解让人感动，高考对每一个学生来说，都是至关重要的，学生紧张、家长紧张、老师也紧张，需要不时地疏导、减压，蔡天禾同学对史老师的一番话，不仅温暖了史老师，也温暖了我。师生在这里，真是荣辱与共，多美妙的师生关系啊。

　　姚圣海老师今年秋季接受了高三（7）班的数学任务，进教室第一次见面，他就做了精心的准备，写了发言稿"一见愿如故"。这个标题，一下子与学生的距离拉近了。文中有这样一段话："来到这个教室，我有点迷惑，不知你们是客人，还是我是客人？说你们是客人，因为我已'留级'高三多年，而你们是新来的；说我是客人，是因为你们敬爱的、也是我敬重的赵老师另有重任，这学期我将接手你们的数学教学任务，陪你们走过艰苦但注定是人生中最浓墨重彩的一年。不管怎样，我欢迎你们，也希望你们欢迎我。我相信，你们是特殊的一群学生。因为每次中途接手高三，学校总是副校长或教导主任找我谈话，问我的看法，听我的意见。当然，问看法是假的，听意见也是假的，看我小样儿态度是否端正才是真的。但是今年不同往年，是校长找我谈话。谈话内容大致有两点：第一点是要我负责协调整个高三数学的教学工作，这不是重点；重点是第二点，校长狠狠地夸了你们，并要求我一定在高三这一年挖掘你们的潜力，发挥你们的潜能，在高考中取得优异成绩。新接手一个班级，不是从班主任处，而是在校长那里先了解到学生的大致情况，这对我来讲，是平生第一遭。原因不解释，你们懂的。"姚老师的第一课，是成功的第一课。他把学生当作朋友，当作可以信赖、可以给予期待的朋友，在娓娓的拉家常式的言语中，给了学生一个莫大鼓励的见面礼。

　　校长工作的起点是塑造共同价值观，我们在学校工作中注意每一个细微之处的教育境界，一切为了每一个学生自由、快乐而健康地成长。我们正在倡导和践行"诗性教育"，所谓"诗性教育"，它是指对受教育者所进行的旨在树立他们"崇高理想和远大志向"，促进其人性境界提升、理想人格塑造以及个人与社会价值实现的教育，其实质是人的教育，其核心是涵养具有人文意识的创造、创新精神。是一种以"浸润"和"体验"为特征的教育，它让教育成为一种自然的流露和呈现。我们正在这样努力着，但仅仅是起步，做得还很不够，路途还很遥远。

（2011 年 12 月 24 日）

校园就是一个独特的世界

关于校园的作用、意义，哪怕是再高的评价，也是不为过的。校园
这本书、这门课程，以及这本书、这门课程所呈现的文化，都有自
己的特征。

我回到这个校园，已经十年多了。走过了这一程，我想，是该回望一
下了。暑期人静，找一个清凉所在，续上一杯茶，看着校园的一草一木，
都透露蓬勃的生机，诗意也就荡漾在周边与心头了。

我很荣幸，能在这个校园当校长。记得几年前，当时的苏州副市长朱
永新陪着台湾的教育名人高震东来访问。就在这个园子里，高先生边走边
看，突然站定脚步，对市长说：你当市长不如柳校长在这里当校长。这个
园子多有人文与园林的气息啊，与其说在这里做教育，不如说是在享受
人生。

还记得，也是在几年前，加拿大安大略省的省长来访问，我陪他参观
校园。他是第一次到中国来，为的是与教育部和上海市签署几个教育与经
济发展的合作协议，中途就选择了我们学校作逗留。同样，我带着他走在
这个园子里，介绍校园、介绍历史。突然，他站定脚步，对我说：您这个
年纪，怎么就能领导这样一所伟大的学校？我也站定了脚步，对他说：省
长先生，您只比我大一岁，您怎么就能领导加拿大最重要的省份？在那个

场合、那个瞬间，这位加拿大省长内心天平的两端，恐怕都衡量不出苏州十中与加拿大安大略省孰重孰轻了。然后，他告诉我，他去过世界上许多地方，许多学校，这所学校是最美丽漂亮的。我微笑着说：我还真没有感觉到。他立即回答道：您审美疲劳了。

我很自豪，我们的这座园子，不但幽美如园林，更是一所伟大的学校。十年前，我来到这个校园，没有带来什么高深的理念，我只有一个朴实的愿望，把这所百年老校，办成像江南水乡古镇周庄、同里一样，有着独特的传统文化气息的学校。

有一件事情曾触动了我，那时我还回校不久。东南亚一个国家的教育部部长到我们学校访问，我陪他参观校园，介绍这个园子的文化。开始他还不经意地看看这看看那，讲到康熙、乾隆皇帝曾驻跸于此，讲到《红楼梦》作者曹雪芹曾住在这里，他肃然起敬。自己走进一个角落，出来之后，对我说：那里会不会曾是曹雪芹的书房？很突兀的一句话，却让我瞬间获得了灵感：修旧如旧。让历史和传统文化回归校园。

苏州园林最大的特点是：无论站在哪一个点上望出去，都是一幅完美的图画。我们的校园正有着这样的特点，庭院深深，曲径通幽，一步一景，移步换景。学校的历史和文化，就像气息弥散在校园里。一石一木，都富有教育的意义。我们用了五年时间，修复和改造校园，不砍树，不拆房，用江南的古典文化统一了学校的建筑风格和环境风格。

我还记得百年校庆之时，当历届老校友回来的时候，每一个人，都能找到他们的教室，都能找到当年留下的踪迹，校友们流露出的那种欣喜的神情，是一所学校最可宝贵的精神财富，有着巨大的精神力量。

我还记得，百年校庆不久，《广州日报》的一位资深记者，在《苏州杂志》陶主编的陪同下，来到学校。当她走进校园，特别是走进学校文化区域——西花园的时候，一下子叫了起来：中国还在！当时，我不在学校，傍晚他们打来电话，约我喝茶见面，见面时，还能感受到这位记者的激动之情。

校园是什么？校园就是一本书，其中的一草一木，一石一屋都要成为学生能浸润其中的文化教育元素。校园不仅仅属于学校物质层面建设的领域，它更关乎学校的使命，关乎学校的办学境界。记得，学校改造的第一幢楼，是北门的东楼，改造之后，以校友的名字来命名，著名记者、作家彭子冈是我们的校友，我们想以她的名字来命名这幢楼，叫"子冈楼"。著名戏曲评论家、作家徐城北是子冈的儿子，他爱他母亲，也爱他母亲的母校。于是，我请他题写楼名。他的题字上墙了，我们邀请他来学校。他很高兴，在楼前合了影。北门西楼，我们是以校董蔡元培的名字命名的，叫作"元培楼"。突然，徐城北对我说：柳校长，我感谢你以我母亲的名字命名这幢楼，这是对我母亲的最好纪念。不过，我还是要对你说，这似乎不妥。为何呢？我问。他说，大门两侧两幢楼，一幢是以蔡元培的名字命名，一幢是以我母亲的名字命名，这不"对等"呀，无论如何，我母亲都是不能与蔡先生相比的。无论贡献，无论辈分，都是如此，你这样做是失衡了。于是，我告诉他，"以人为本"，就教育而言，就是以老师、学生为本。我们这个校园更赋予它两层含义：第一，老师与学生的人格是平等的，无论过去，还是现在。第二，无论是老师，还是学生，也无论做出了多大的成绩，还是多大的成就，地位还是平等的。蔡先生与您母亲，一个是老师，一个是学生，以他们两人的名字命名这一左一右两幢楼，就是一种昭示。这两幢楼，就是一个文化象征符号。

像这样的例子还很多，俯拾即是。有一次，从英国剑桥大学来了一个访问团，组成人员都是一些学院的院长。英国朋友来了，我领他们去看校园里的"英国式"电话亭。那几乎是英国的文化标识，在英国的城里城外，街里巷外到处都看得到。英国朋友在异国他乡，在遥远的中国见到它自然很高兴，我们在电话亭前合了影。一位客人对我说：校长先生，您知道吗？这个电话亭还是我们学院的一位老师设计的呢。我忙接着话说：把他一起

238

带来就好了。他笑道：那是三百年前设计的。是啊，经典是不需要日新月异的，尤其是赋予了文化的意义。接着，我给英国朋友讲述了校园中这个电话亭的象征意义。许多参观者来到我们校园，对在这样一座"最中国"的园林校园内，安置这么个鲜红色充满英伦情调的电话亭，表示不解和遗憾。每当这时，我都会对他们说：这个电话亭已超出了它自身的物质意义层面。在这里，它的存在分明是告诉大家这样一个理念：在和谐中有一点不和谐，是最大的和谐，世界上任何事情都是相对的，都不是绝对的。同时，也在不断提醒大家：学校当下的发展和未来的发展，要有两个轮子，一个本土化、一个国际化。孩子们的发展，也是需要有两个翅膀：一个本土化的翅膀，一个国际化的翅膀，缺一不可的，缺少任何一个翅膀都是飞不进未来的。本土情怀和国际视野是他们未来的立身之本。

校园是什么？校园就是一门课程，是学生时时浸润其中的课程。我还记得几年前，我接待了一位来自河北省某个城市，主管教育与财政的副市长。我领他参观校园，在校园里待了好长一段时间，他还不愿离去。送他离开，我下班回家，到了晚上10点多钟，接到他的一个电话，突兀地问我：我送孩子到你这里读书，假如分数差一点，要缴纳多少费用？然后，他在电话里与我聊天，他说：孩子在这样的环境里，哪怕在课堂上什么也没有学到，但被熏陶出来的气质与素养，相信是完全不一样的。

关于校园的作用、意义，哪怕是再高的评价，也是不为过的。校园这本书、这门课程，以及这本书、这门课程所呈现的文化，都有自己的特征。我们的校园，充满着爱、真、美，是质朴、大气的校园。一个冷漠的校园是培养不出有爱心、有责任心的学生的。记得一次德育工作例会上，我和老师们研讨"校园生活"，班主任李老师引用了泰戈尔的一句诗，来谈对教育的理解。泰戈尔说：教育是向人类传递生命的气息。多好啊，李老师的引用，让我领会了什么是对教育诗意的理解。这是我所听到的对教育本质的最富有诗性的阐述。让生命的气息流淌在校园里、让活泼泼的生命的气息流淌在校园里，那是我们的自觉追求。

我也还记得这么一件事，虽然，那是三年前的一件小事，但我还清晰地记得。那是一个中午，午饭后，我在办公室，学校总务主任惠老师找到我，进门就说：下周国旗下讲话，我来讲。我问他缘故，他这样叙述：昨天中午，总务处来了一位高一的女生，人很瘦小，却来借老虎钳。我远远地跟在她后面，以为她自行车坏了，怕她修不了，想去帮助她，可是，她却去了桂花园。来到一个大树下，看她踮起脚跟，举起老虎钳，费力地剪去一圈铁丝。也许有许多年了，铁丝圈都勒紧了树皮，假如不及时剪断，可能会影响这棵树的正常生长。剪断铁丝圈以后，这个女生走回去，若无其事地还了老虎钳。惠老师对我说：什么叫"最中国"的校园？这就是！什么是洋溢着生命气息的校园？这就是！几天以后惠老师如愿地站在国旗下，对全校师生讲述了这件事情，赢得了阵阵掌声。

总务主任与一个女生的故事，我曾在许多不同的场合重述。因为，我明白这件小事中蕴含着许多重要的道理。那个女生的这样的一件小事，平常得不能再平常，却在细微之中，折射出爱心、珍惜生命、责任等光芒。我常对大家说，学校是"以人为本"的地方，但是仅仅提"以人为本"还是不够的，我们还要提"以生命为本"作为补充。学校的境界，是在校园的日常生活中所呈现出来的状态，而不是在特殊的重大活动中所呈现的影响。我一直认为，我们要让师生过一种健康的、朴实的、日常的校园生活。校园生活绝不应该高于日常生活，我们的核心理念是：以学校的每一天成就每一个师生的本色人生，现在，我们正在这样努力着。

（2012 年 7 月 20 日）